Hans Haid
Wege der Schafe

Hans Haid

WEGE DER SCHAFE

Die jahrtausendealte Hirtenkultur
zwischen Südtirol und dem Ötztal

Schriftenreihe Ötztal-Archiv Band 22

Tyrolia-Verlag Innsbruck-Wien / Verlagsanstalt Athesia Bozen

Inhaltsverzeichnis

Alles und weiterhin wie seit 6500 Jahren 9

Getreulich, unverändert und genau seit 593 Jahren wie
in der Urkunde von 1415 beschrieben 27

Die beschwerlichen Wege über den Alpenhauptkamm:
Timmelsjoch, Langtaler Joch, Gurgler Eisjoch, Niederjoch und Hochjoch 43

Woher die mehr als 5000 Schafe kommen und wo sie weiden 61

„Mandr Mandr husch husch" – Sage und Chronik berichten
von Schrecken, Gefahren und Tod 73

„Des muaß man selbr mitdrlebm" – Was die Schäfer erzählen 79

Suugelen, suugelen höörla leck leck leck –
Prosa und Dialektgedichte von Hans Haid 87

Von verfluchten Almen und verschwundenen Städten –
Sagen von Untergang und Veränderung 95

Bergmandln und Salige Frauen helfen beim Hüten und rächen die Untreue 101

Schäferhütten, Salzlager, Schalensteine und Menhire –
Ur- und frühgeschichtliche Zeugnisse auf 2200 Meter und darüber 107

Die „Herren der Tiere" – Vom Vinz und vom Willi,
vom Fortunat, Tonl und Sepp 113

Von Ramsnasen und Tschaupen – Die Bergschafe und ihre Geschichte 125

Ein sensibles Ökosystem – Von den Chancen und Risiken
der Beweidung und von weitaus größeren Gefahren 133

„Das Schreien der Lämmer": Schnalser und Ötztaler Proteste gegen
Staudämme und Ausverkauf 139

Quellen
Literatur 141
Ton- und Filmdokumente 142
Karten und Führerwerke 143

Seite 2/3: Ungefähr 1600 Schafe zogen Mitte September 1999 zum wahrscheinlich letzten Mal in dieser geschlossenen Formation über den gesamten Hochjochferner Richtung Hochjoch und dann weiter nach Kurzras. Von dort weg ziehen die Vinschger Schafe hinauf zum Taschljöchl und weiter durch das Schlandrauntal zu den Höfen am Sonnenberg und weiter in die Orte Kortsch, Laas usw. im Vinschgau. Der kleinere Teil bleibt im Schnalstal. © H. Haid

Seite 4/5: Bis zu eineinhalb Stunden dauert die mitunter mühsame Prozedur, die fast 1600 drängenden Schafe über die Brücke des Hintereisbachs zu bringen. © Th. Defner

Seite 6/7: Oben steht ein Treiber mit seinem Hund, dem unentbehrlichen Helfer bei den Schaftrieben. Die Hunde sind vielfach Kreuzungen mit den typischen Bergamasker Hirtenhunden. © Th. Defner

ALLES UND WEITERHIN WIE SEIT 6500 JAHREN

Alljährlich werden Tausende von Schafen wohl schon seit der Bronzezeit über das Hochjoch, 2885 Meter, Niederjoch, 3017 Meter, den Gurgler Ferner und das Timmelsjoch getrieben."
Das ist keine neue, sensationelle Erkenntnis nach dem Ötzi-Fund vom September 1991, sondern die Beurteilung von Helmut Gams, Professor für Botanik an der Universität Innsbruck, aus dem Jahre 1939. In der Publikation *„Das Venter Tal"* datiert er die Nutzung des hinteren Ötztales in die Bronzezeit, also etwa in die Zeit zwischen 2500 und 1500 v. Chr.
Inzwischen wissen wir mehr von der Ur- und Frühzeit dieser Region und können einige Jahrtausende weiter zurückblicken. Auch Franz Huter hat bereits im „Jahrbuch des Österreichischen Alpenvereins" vom Jahre 1951 in seinem Beitrag *„Schnals und Innerötztal"* auf alte Siedlungs- und Nutzungszusammenhänge verwiesen: *„Möglicherweise gehörten die ersten Menschen, welche von Süden her bis an den Alpenhauptkamm vordrangen, der ausklingenden postglazialen Wärmeperiode, also etwa dem zweiten oder frühen Jahrtausend vor Christus an. Dann hätten sie vermutlich unvergletscherte Übergänge vorgefunden, da in dieser Wärmezeit die Firngrenze um 300 bis 400 Meter höher angenommen werden darf als heutzutage."*

Inzwischen steigt wieder die Waldgrenze, finden sich Pflanzen von Jahr zu Jahr weiter oben, schmelzen die Gletscher. Die Jöcher der Schaftriebe werden wieder eisfrei begehbar. Das war so vor mehr als 4500 oder 5000 Jahren, also auch in der Zeit des Ötzi um 3300 v. Chr.
Eine der massivsten Wärmeperioden gab es nach Meinung aktueller Klimaforscher möglicherweise um 5800 v. Chr., also vor etwa 7800 Jahren. Das würde sich mit neuesten Forschungen im Bereich der Ötztaler Alpen decken. In dieser Zeit erfolgte höchstwahrscheinlich eine intensive täterüberschreitende Nutzung der Hochlagen, und damit könnte es die ersten Schafwanderungen gegeben haben.
Vor etwa 5200 Jahren erfolgte dann wieder eine starke Abkühlung und in den Bergen eine neuerliche Vergletscherung. Auch in der sogenannten „Kleinen Eiszeit", die in diesem Teil der Alpen von etwa 1590 bis 1850 datiert werden kann, erfolgte eine überaus starke und schnelle Vergletscherung der Alpen. Damit wurden auch die Schaftriebe erschwert.
Lange wurde angenommen, dass die Schaftriebe über die hohen Jöcher, also über Niederjoch, Hochjoch und Gurgler Eisjoch, nicht immer möglich waren, dass es also nicht unbedingt eine

Kontinuität durch Jahrtausende gegeben haben kann. Inzwischen ist mehrfach erwiesen, dass die Wege der Schafe aus Südtirol auf die Weiden im hinteren Ötztal seit mehr als 6000 Jahren, eher seit 6500 Jahren mehr oder weniger ununterbrochen begangen worden sind.

Nach neuestem Forschungsstand sind an mehreren Orten im hinteren Passeiertal, im hinteren Schnalstal sowie in den Gegenden um Vent und Gurgl im hinteren Ötztal eindeutige Nachweise menschlicher Nutzung seit etwa 7600 v. Chr., also seit fast 10.000 Jahren zu finden.

Zum einen war es Gernot Patzelt, Professor für Geografie und Hochgebirgsforschung an der Universität Innsbruck, der unter dem Titel „Die Ötztal-Studie – Entwicklung der Landnutzung" viele überaus wertvolle neue Erkenntnisse vermittelt hat. Dann sind es die begleitenden Ötzi-Forschungen, vor allem durch Konrad Spindler, Walter Leitner, Domenico Nisi, die Licht ins Dunkel der Geschichte gebracht haben. Schritt für Schritt sind die Fakten klargemacht worden. Beispielsweise sind folgende Fundstellen im Zusammenhang mit dem Weg der Schafe von besonderer Bedeutung:

- Die Gurgler Alm auf 2252 Meter. Dort ist „Weidenutzung" seit etwa 4300 v. Chr., also seit nunmehr 6300 Jahren nachweisbar.
- Der Fund am Langtalereck auf 2420 Meter oberhalb der Gurgler Alm wird auf ungefähr 4360–4510 v. Chr. datiert.
- Auf dem Brunnboden auf 2640 Meter hoch am Rofenberg ergab eine Bodenanalyse den Nachweis der Weidenutzung seit etwa 4250 bis 4350 v. Chr., also seit 6250 bis 6350 Jahren.
- Eine der wichtigsten Stätten der Ur- und Frühgeschichte ist der Beilstein (2125 m) bei Obergurgl, inmitten der Kippele-Alm. Dort gibt es markante Hinweise auf eine Nutzung durch Menschen bis ca. 7600 v. Chr. Oberhalb vom Beilstein, in der Flur „Am Küppele" befindet sich eine alte, inzwischen verfallene ehemalige Schäferhütte. Sie soll im Laufe des Jahres 2008 saniert werden.

Das älteste Haustier des Menschen

Das Schaf gilt neben der Ziege, dem Schwein, dem Hund und der Katze als ältestes Haustier des Menschen. Nachweisbar ist die SCHAFHALTUNG seit etwa 11.000 Jahren.

Konrad Spindler, Professor der Ur- und Frühgeschichte an der Universität Innsbruck, der als „Ötzi"-Forscher berühmt wurde, hat sich wenige Monate vor seinem Tod im Jahre 2005 mit der Rolle der Schafe, der Schafhaltung und der Schafwanderung im Zusammenhang mit dem Ötzi beschäftigt. In einem Interview für eine Sendung des Österreichischen Rundfunks, die am 8. Mai 2004 ausgestrahlt wurde, hielt Konrad Spindler Folgendes fest:

„Schafe und Ziegen bilden seit alters her die wichtigsten Haustiere des Menschen. Beide wurden vor ca. 11.000 Jahren im Bereich des fruchtbaren Halbmondes, also heute Irak, Iran, Libanon, Syrien, Israel, auch Ägypten domestiziert, kamen also in die Gemeinschaft des Menschen hinein und bilden seitdem einen wichtigen Begleiter des Menschen ... Ich möchte ausdrücklich betonen, dass der Mann im Eis ein normales Mitglied seiner Dorfgemeinschaft gewesen ist und dass er eben die spezielle Aufgabe eines Hirten gehabt hat. Jemand musste das ja machen und ein Mann in seinem Alter und mit viel Erfahrung, kräftig und halbwegs gesund ... und für

Schafe im Schlandrauntal © H. Wielander

diesen Beruf hervorragend geeignet … Er hatte das eben gelernt. Er wusste, wie man mit dem Vieh umgeht. Er war in der Lage, die Herde in die Weidegebiete zu führen und wieder zurück. Auf diese Weise war er ein wichtiges, vielleicht unersetzliches Mitglied seiner Gemeinschaft gewesen …"

Schafe folgten den Wegen des Wildes, vor allem der Gämsen. Der Mensch folgt den Spuren des Wildes und er folgt den Spuren der Schafe und überschreitet so, hinter ihnen einhergehend, den Alpenhauptkamm. Auf den überaus weitläufigen und im Sommer immer ertragreichen Weiden des hinteren Ötztales fanden die Bauern aus dem Süden die geeigneten Weideplätze für Tausende von Schafen, aber auch von Ziegen und Rindern. In der Urkunde von 1563 über die Neu-Festlegung der Weide im Niedertal sind Rechte für 1037 Schafe und 177 Rinder genannt.
Der bereits zitierte Helmut Gams beschreibt die Veränderung der Landschaft von Teilen des hinteren Ötztales durch die Beweidung: *„Seine Pflanzendecke ist geprägt durch den Reichtum an Eis und Schafen."* Das erinnere auch an Regionen des skandinavischen Hochgebirges, so Gams im Jahr 1939. Andere Forscher sind erinnert an Regionen in Tibet oder in Nepal.

Wenn wir die Geschichte der ältesten Beweidung und der ersten Besiedlung des hinteren Ötztales näher betrachten, fällt auf, dass zumeist die engen Zusammenhänge mit dem Schnalstal im Vordergrund stehen, weil die etwa 28 Schnalser Bauern auch Besitzer der Weiden im Niedertal und Rofental sind. Ganz sicher bestehen weitaus ältere Beziehungen zum Vinschgau und noch weiter in den Süden, bis zum Gardasee und weiter.
Wahrscheinlich kamen die Schnalser erst ab dem Mittelalter auf dem Weg über Schenkungen und Kauf zu ihrem derzeitigen Besitz. Leider gibt es dazu nur eine unzureichende Quellenlage.

Aus Laas, Kortsch, Göflan und anderen Talorten im Vinschgau ziehen die Herden bergaufwärts und taleinwärts zuerst durch das lange Schlandrauntal, dann hinauf zum Taschljöchl und hinunter ins Schnalstal, bevor sie wieder aufsteigen, den Alpenhauptkamm überqueren und endlich im Ötztal ankommen. © M. Gambicorti

Unersetzbar ist der wache, aufmerksame Hirtenhund beim Hüten und Zusammentreiben der Herden. © TH. DEFNER

Den Zugang zum hinteren Ötztal müssen wir mehrfach geteilt und differenziert sehen: über das TIMMELSJOCH aus dem Passeier, über das GURGLER EISJOCH auf dem Umweg über das Pfossental aus dem Vinschgau, über das NIEDERJOCH sowohl aus dem Vinschgau als auch direkt aus dem Schnalstal und über das HOCHJOCH überwiegend auf dem langen Umweg über das Schlandrauntal und das TASCHLJÖCHL. Wenn Unser Frau und Vent durch Jahrhunderte zur alten URPFARRE GÖFLAN gehört haben, dann wird dieser Zusammenhang offenkundig.

Ein weiterer Zugang zu den Weiden im hinteren Schnalstal und dann auch im hinteren Ötztal erfolgte über den Naturnser Sonnenberg. Vieles muss in diesem Zusammenhang erst noch erforscht und nachgewiesen werden. Jedenfalls ist der Raum der Großen Gurgler Alm und der Weideflächen des „Kippele" entscheidend vom Vinschgau her über das Pfossental erschlossen worden.

TRANSHUMANZ

Was ist unter dem Begriff TRANSHUMANZ zu verstehen? Generell und im internationalen Sprachgebrauch der einschlägigen Forschung ist es eine besonders ausgeprägte Form der Wanderung mit Tieren, insbesondere mit Schafen. Der Alpenforscher Werner Bätzing hat dazu in seinem Buch „Kleines Alpen-Lexikon" folgende Definition gegeben:

„Transhumanz (franz. Transhumance) oder (manchmal) Wanderschafhaltung. Wirtschaftsform, bei der die Bereiche Ackerbau und Viehwirtschaft räumlich weit voneinander getrennt betrieben

werden: bei der normalen oder aufsteigenden Transhumanz leben die Vieheigentümer in einem Dorf am Alpenrand und schicken ihre Tiere (meist Schafe) unter Aufsicht von bezahlten Hirten im Sommer auf die Almen, im Winter auf Winterweiden in tiefen Lagen ... Dieses System ist bereits sehr früh, wahrscheinlich schon um 5000 v. Chr. in den Südwest- und Südalpen entstanden ... Die Transhumanz gehört zur traditionellen Landwirtschaft der Alpen untrennbar hinzu."

Der Begriff TRANSHUMANZ steht aktuell bei den Hirten, Treibern und Schafbauern nicht in Gebrauch, ist aber in der überregionalen und in der wissenschaftlichen Betrachtung allgemein üblich. Auch der bedeutendste „Schaf-Forscher", der in der ehemaligen DDR tätige Volkskundler Wolfgang Jacobeit, hat in seinem wissenschaftlichen Standardwerk „*Schafhaltung und Schäfer in Zentraleuropa bis zum Beginn des 20. Jahrhunderts*" ebenfalls den Begriff „Transhumanz"

Abstieg vom Hochjoch hinunter nach Kurzras © TH. DEFNER

Abstieg vom Niederjoch ins hintere Tisental © TH. DEFNER

beschrieben. Zur TRANSHUMANZ im strengen Sinn gehört, dass die Herden während des ganzen Jahres unterwegs sind, dass sie zwischen Tal- und Hochweiden wechseln und vor allem dass auch im Winter keine Einstallung erfolgt.

„Wirtschaftsgeschichtlich handelt es sich bei der Transhumanz", so Jacobeit, *„um eine frühe Lösungsform des Futterproblems für gesteigerte Schafzucht in Gegenden, wo nur die zusammenfassende viehzüchterische Ausnützung des in Klima und Vegetation verschiedenen Gebirgsvorlandes und des Hochlandes eine ununterbrochene Herdenernährung durch entsprechende Herdenpendelungen erreicht."*

Die jährliche Schafwanderung in der derzeitigen Form vom Vinschgau und vom Schnalstal auf die Weiden im hinteren Ötztal ist somit keine „echte" Transhumanz im strengen Sinne. Aber sie ist der Rest einer weitaus älteren Form der Schafwanderung. Diese hat es, wie u. a. auch Domenico Nisi aus Verona mehrfach nachgewiesen hat, von weit südlich des Gardasees bis ganz herauf zu den

Selbstverständlich, unerlässlich und für Südtirol typisch ist bei den Schäfern und Treibern der blaue Schurz und der lange Bergstock. Die Schafe und ihre Treiber benutzen uralte Wege, die teilweise schon mehr als 6000 Jahre begangen werden. © Th. Defner

Gletschern und den Ötztaler Hochweiden gegeben. Wir müssen davon ausgehen, dass vielleicht bis zum frühen Mittelalter zeitweise riesige, viele Tausende zählende Schafherden ununterbrochen zwischen der Poebene und den Hochgebirgsweiden unterwegs gewesen sind. Ein eher spärliches Relikt davon ist die Tatsache, dass die Schnalser bis in die zweite Hälfte des 19. Jahrhunderts, also bis etwa 1860, noch die Weidegebiete in der Gegend von Meran nutzen durften.

Dass die uralten Kulturformen der Transhumanz eine überaus große Bedeutung für die gesamte Kulturgeschichte und die „AGRI-KULTUR" der Region spielen, kann mehrfach und immer wieder nachgewiesen werden. Viele Kultplätze mit Schalensteinen, Menhiren, Steinkreisen und die ältesten Überlieferungen zu den Höhenlagen oberhalb der Baumgrenze decken sich beinahe hundertprozentig mit den alten Wanderwegen der Schafe. Das hat u. a. auch der Schnalser Wanderführer und Kulturforscher Hans Platzgummer im Schnalstal nachgewiesen.

Ähnliches gilt außerhalb der Ötztaler Alpen u. a. von den alten Wegenetzen von Genua zum Genfer See, von den Spuren der Schafwege zwischen den französischen Alpen und den Tälern der Provinz Cuneo in Italien und es gilt auch für einige Teile des berühmten Jakobsweges, der zum Teil in Spanien alten Wegen der Transhumanz folgt. Dazu und darüber muss noch viel erforscht werden. Erst wenn wir einen alpenweiten vergleichenden Überblick bekommen und zudem noch Vergleiche mit anderen Berggegenden der Welt ziehen können, wird die überaus große Bedeutung unserer Wege der Schafe zwischen Südtirol und dem Ötztal erkennbar werden. Dann können wir eine umfassende Kulturgeschichte daraus entwickeln.

ALLES WEITERHIN WIE SEIT 6500 JAHREN?

Vorerst scheint der Schaftrieb aus Südtirol auf die Weiden im Ötztal gesichert. Die Südtiroler profitieren davon: Die EU-Förderungen sind beachtlich und können für die kommenden Jahre als gesichert gelten, zumindest für die Periode bis 2013. Zusätzlich zu den bisherigen Förderungen für Beweidung und Aufrechterhaltung der „Alm-Kultur" sowie für die Extra-Förderung „gefährdeter" Rassen (wie bisher zum Beispiel für das „braune Tiroler Bergschaf") kommt jetzt eine weitere Fördermöglichkeit für die Rasse des SCHNALSER SCHAFES. Seit 2007 ist diese Rasse offiziell anerkannt. Zentrum der Zucht ist der Sonnenberg.

Ein weiterer Pluspunkt ist in Südtirol und Italien die gute, ja die sehr gute und beinahe beispielhaft positive Entwicklung beim Absatz der Schafe. Ganz im Gegensatz zu Nordtirol haben die Schafbauern jenseits der Grenze keine Probleme beim Verkauf der Schafe und Lämmer.

Im Ötztal und in ganz Tirol ist die Situation dagegen trist. Die amtlichen Schafzuchtverbände und die Landwirtschaftskammer bemühen sich mit relativ wenig Erfolg, einen geordneten und erfolgreichen Vermarktungsweg einzuleiten, weder über private Kunden noch über den mächtigen Tourismus, den allergrößten der möglichen Partner.

Weil die Tiroler Absatz- und Vermarktungs-Mechanismen versagen, konnte z. B. Robert Zehetner vom Salzburger Projekt „Tauernlamm" mehrere hundert Tiere in Tirol kaufen und als „Tauernlamm" vermarkten. Damit schafft er mehrere Jahre hindurch das, was die Tiroler Stellen nicht schaffen: den Bauern die Schafe zu einem guten Preis abzukaufen.

Weil es im offiziellen Nordtiroler Mechanismus der zuständigen Stellen von Landwirtschaftskammer und Schafzuchtverband nicht funktioniert, konnte durch Josef Schett eine solch beispielhafte Privat-Initiative wie das „Villgrater Frischlamm" nur in Osttirol wirksam aufgebaut werden. Josef Schett in Innervillgraten hat von dort aus dem Osttiroler Lamm zum Durchbruch verholfen. Es wurde ein erfolgreiches Projekt, auch für und in der Osttiroler Gastronomie. Ein überregional beachtlicher und österreichweit einzigartiger Erfolg ist die mehrfach ausgezeichnete Gourmet-Station „Gannerhof" in Innervillgraten, mit ihren Spezialitäten von Lamm und Schaf.

Was in Osttirol möglich ist, könnte seit Jahren auch in Nordtirol möglich sein. Im Ötztal beispielsweise in einem der Viersternehotels in Sölden oder Gurgl.

Aber es herrschen triste Zustände: Als ich Anfang September 2005 anlässlich einer UNESCO-Tagung im Universitätszentrum von Obergurgl in das erste Haus am Platz zum Abendessen einlud und hoffte, dort einheimische Lamm- und Schafspezialitäten verkosten zu können, wurden meine Gäste und ich schwer enttäuscht. Es gab zwar Edles vom Schaf, aber aus Neuseeland! und nicht aus dem Ötztal, obwohl rund um Gurgl 4000 Schafe weiden und geeignete „Rohware" in höchster Almweide-Qualität beinahe durch die Hotelküchentüren hereinströmen könnte. Es ist bis heute nicht möglich, unangemeldet in einem der mehr als 30 Viersternehotels des Ötztales Ötztaler Lamm und Schaf genießen zu können. Das Ötztaler Lamm und Schaf wird auf den heimischen Speisekarten geradezu diskriminiert, zum Schaden aller.

Dass es in Südtirol und Italien anders und besser funktioniert als in Tirol und Österreich, erleben wir auch im Zusammenhang mit Landwirtschafts- und Bergbauern-Förderung von Jahr zu Jahr dramatischer.

Auf den weiten Schnee- und Gletscherflächen, wie hier vom Niederjoch und weiter talauswärts, sind die Schafe oft stundenlang ohne Futter unterwegs. © M. Gambicorti

Die Fördermechanismen in Südtirol sind besser entwickelt, die Förderungen, auch für die Schafhaltung, werden großzügiger gehandhabt. Hinzu kommt, dass das Land Südtirol beim Beschaffen der Fördermittel aus den EU-Töpfen weitaus geschickter und erfolgreicher agiert als beispielsweise das Land Tirol.

Also wird es wohl so bleiben: In Südtirol, vor allem bei den Schafhaltern im Vinschgau, auf dem Sonnenberg, auch im Bozner Unterland, ja beinahe landesweit, hat die Schafhaltung ein positives Image, man hält geradezu fanatisch daran fest, und die weitere Entwicklung steht auf guten Beinen.

Könnte es zu einer Krise kommen?

Was könnte die mehr als 6000 Jahre alte Kultur der Transhumanz von Südtirol über die Jöcher ins Ötztal gefährden?

Ganz sicher nicht das dramatische Abschmelzen der Gletscher! Ohne Gletscher gehen die Schaftriebe über Hochjoch und Niederjoch eher leichter und problemloser. Mit den Gletschern wird aber auch ein erheblicher Teil des Medien-Interesses verschwinden. Macht nichts, sage ich. Es ist 6400 Jahre lang ohne TV, Hochglanzmagazine und Tourismuswerbung gegangen, also wird es auch weiterhin ohne sie gehen.

Aber es scheint immer schwieriger zu werden, einheimische Burschen und Männer für das Begleiten der Herden zu finden; für das mühsame Zusammentreiben, das manchmal eine ganze Woche dauert, unter mitunter dramatischen Verhältnissen bei Schneesturm und Nebel. Genauso dann wieder das Zurücktreiben. Insgesamt sind mehr als fünfzig Personen im Einsatz. Sie müssen verfügbar sein, müssen bereit sein, Strapazen auf sich zu nehmen.

In den letzten Jahren wurde schon der Termin fürs Zusammentreiben verschoben, von Wochentagen auf das Wochenende. Trotzdem gab und

Aufgrund des klimabedingten Gletscherschwunds zogen im September 1999 vermutlich zum letzten Mal die ca. 1600 Schafe über den Hochjochferner. Der Gletscher war komplett schneefrei, die Schafe gingen über eine Stunde lang auf dem blanken Eis. © H. HAID

gibt es Probleme, genügend Treiber und Helfer zu finden. Was liegt also näher, als auch in diesem Bereich sogenannte „Gastarbeiter" zu beschäftigen? Die Ötztaler Treiber des 21. Jahrhunderts werden vielleicht zumindest teilweise aus Bosnien, Albanien, Serbien, aus der Türkei, vielleicht aus Portugal usw. kommen. Nicht anders ist es teilweise beim Stall-Personal, beispielsweise in Gurgl und Vent. Der „Staller" kommt aus Ex-Jugoslawien, der Mäher kommt ebenfalls von dort. Das wird nicht mehr die Ausnahme bleiben, es wird die Regel werden. Warum auch nicht? Warum sollte z. B. ein aus den montenegrinischen Bergen stammender Bursch in den besten Jahren, von zuhause her vertraut mit Landwirtschaft, mit Schafen und Weidewirtschaft, nicht der optimale „Ersatz" sein für mangelnde einheimische Fachkräfte?

WAS ZÄHLT, IST DER IDEALISMUS

Ich habe mich im September 2007 sehr darüber gefreut, dass mit dieser Entwicklung auch ein wichtiges Element für die Transhumanz gesichert scheint.
Noch mehr hat mich gefreut und überrascht, dass sogar ALFONS GUFLER, der Hirt aus dem Passeier, für „seinen" Schaftrieb über das Timmelsjoch junge Gurgler als Helfer zur Seite hatte, Burschen und Männer, die zuhause eine Pension haben, ein Apartment oder Hotel.
Ja, es wird wohl so sein und so bleiben: Wenn der Idealismus nicht mehr da ist, die Freude und Lust am Erleben dieser unvergleichlich eindrucksvollen Transhumanz, werden auch alle offiziellen Förderungen nicht ausreichen. Dies gilt für die gesamte Berglandwirtschaft. Sie wird auch weiterhin verbunden sein mit Dramatik und sehr viel, fast fanatischem Idealismus. Warum auch nicht?

Alfons Gufler aus Pfelders im Passeier mit den Schafen und seinen Gurgler Helfern nach dem Abstieg vom Timmelsjoch. Hier wird gerastet, gegessen, getrunken und diskutiert. © H. HAID

Seite 22/23:
Die Wege sind teilweise so schmal und mühsam zu begehen, dass die Schafe nur „einlings", also eines hinter dem anderen hergehen können. © M. Gambicorti

Seite 24/25:
Nach Neuschnee haben Männer aus dem Schnalstal und Vinschgau den schmalen Weg hinauf zum Niederjoch mühsam ausgeschaufelt. Der Zug der Schafe folgt nun der schmalen, steilen Trasse hinauf zur Similaunhütte. Dort, auf knapp über 3000 Meter Höhe, rasten dann Treiber und Schafe. © M. Gambicorti

GETREULICH, UNVERÄNDERT UND GENAU SEIT 593 JAHREN WIE IN DER URKUNDE VON 1415 BESCHRIEBEN

Eine der interessantesten Urkunden über die Weiderechte zwischen Schnals, Vent und Rofen stammt aus dem Jahre 1415. Diese uralten Rechtsverhältnisse hat der langjährige Mitarbeiter des Tiroler Landesarchivs Franz-Heinz Hye zum ersten Mal umfassend und wissenschaftlich präzise in der Reihe *„Tiroler Heimat"* beschrieben („Die ältesten Weiderechtsverträge zwischen Schnals, Vent und Rofen", Innsbruck 1967).

Der „VERTRAG ZWISCHEN DEN GEMEINDEN SCHNALS UND VENT ÜBER DIE WEIDUNGEN UND RECHTE IM NIEDERTAL" aus dem Jahre 1415 ist deswegen so bedeutend und einzigartig, weil der Inhalt ununterbrochen und fast wortwörtlich seit fast 600 Jahren unverändert gilt. Das ist Zeichen allerhöchsten Traditionsbewusstseins und dokumentiert ein geradezu unerschütterliches Festhalten an einmal Vereinbartem.
In der Urkunde sind eine Reihe von Zeugen genannt. Es sind ehrenwerte Männer aus Südtirol und aus dem Ötztal: Konrad (*Chuonradi*) Wirtel aus Meran, Johannes von Annenberg, Nikolaus (*Nikellino*) Fabro von Unterplatt und Ennemos,

Georgio Chuon (= *Kuen*) aus dem Passeiertal, Rutzo (*Ruotzo*) von Rofen, *Chuonzone dicto Draechsel* aus Umhausen, Leonhard vom Niederhof, *Nikellinum de Prugk*. Die lateinisch verfasste Originalurkunde, die mit den Worten *„in Christo nomine amen"* beginnt, liegt streng verwahrt in Vent. Eine Abschrift kam im Zuge einer Aktion des Tiroler Landesregierungsarchivs aus dem Pfarrarchiv von Vent nach Innsbruck. Damit gilt diese Urkunde neben einer Reihe weiterer Urkunden (insgesamt 43 an der Zahl) als gerettet. Einige davon wurden von Franz-Heinz Hye, andere von Karl-Heinz Werner (Die Almwirtschaft des Schnalstales, Innsbruck 1969) untersucht.

Es ehrt die Schnalser, dass sie etliche Urkunden getreulich im Original und in Abschriften auf den Bauernhöfen aufbewahren. Und es ehrt die Venter und die Schnalser in gleicher Weise, dass sie getreulich und fast unerschütterlich und aus Überzeugung an den alten Rechten und Pflichten festhalten. Es ist Teil ihrer Identität. Vor allem bei den (traditionsbewussten) Bauern, Hirten und Treibern.

Auszug aus dem Vertrag zwischen den „Talgemeinden" Schnals und Vent von 1415

In Christi nomine amen. Anno nativitatis eisdem millesimo quadringenesimo quiuntodecimo / Im Jahre der Geburt desselben ein tausend vier hundert fünfzehn ...

über ebenfalls vorbemelte streite, uneigkeiten, händel und untersuchungen werden ausgesprochen, bestimmt und festgesetzt haben, auch für sich, für alle ihre erben und nachkommen als festgesetzt, gutgeacht und gefällig durch weltewige zeiten halten und nie mehr etwas dawider thun oder sich auflassen wollen, in gar keiner hinsicht, aus keiner veranlassung oder vorwand, weder durch sich selbst noch durch andere, weder wider das, was recht noch was die handlung betrifft ...

Erstens, dass bemelte partheyen nun wechselseitig gute freunde seyn, forthin unter ihnen keine zänkereyen und unstimmigkeiten mehr stattfinden ...

Ferner haben sie ausgesprochen und beschlossen, dass die nachbarn und gemeinde von Vend und alle ihre erben und nachkommen haben, gnüssen und weltewig besitzen sollen den berg Ramol genannt bis zum wasser oder ufer, das man den Schrenbach heißt ...

Ferner haben sie ausgesprochen und beschlossen, dass die nachbarn und gemeinde von Vend und ihre nachkommen das recht haben sollen auf der sonnenseite im thale, das Niedern Thal genannt, mit allem ihre viehe groß und klein zu weiden und weidungen zu benützen bis zum feste des Heiligen Medardi, und dieß innerhalb und bis zu diesen begränzungen, nämlich:

Die Chäser, und von dieser grenzstättige Kaser aufwerts bis zum gipfel des Berges ...

Ferner haben sie ausgesprochen und beschlossen, dass die nachbarn von Schnals und ihre nachkommen volle gewalt haben sollen und haben mit allem viehe und herden wieder zurückzufahren und zu weiden bis zur brücke von Vend (die Vender Brugg genant) und bis zum Schwarzen Brunnen neben Rofen so oft sie immer wollen zu jeder ihrer nothwendigkeit ...

Ferner haben sie ausgesprochen und beschlossen, dass die oft bemelten nachbarn von Vend und ihre nachkommen ihre pferde, welche sie für sich halten groß und kleine, oder welche sie auch anderswoher eingenommen haben ohne betrug ihre nothwendige lasten einzuführen, zu gleich mit den pferden der nachbaren von Schnals in jeder jahreszeit und auf allen weiden hinlassen, halten und haben dafür, nämlich bis zu den Steinigentaufen ...

Ferner haben bemelte schiedsmänner ausgesprochen und beschlossen, dass beyde bemelte partheyen das im Niedern Thale befindliche brennholz miteinander zu ihren nutzen und nothdurft gebrauchen und verwenden dürfen ...

Karte aus der „topographisch-historischen Beschreibung des Thales Schnals" von 1821, verfasst vom Stamser Pater Joseph Ladurner. Alle wichtigen Höfe des Schnalstals sind hier eingetragen. © ÖTZTAL-ARCHIV

Karte von Schnals und Vent.

Gemäß dieser Urkunde halten zumindest seit 600 Jahren die Bauern von Vent Pferde, vor allem zum Säumen der Lasten. Die Schnalser haben offenbar auch Pferde ins Niedertal getrieben und dort weiden lassen.

Durch diese Urkunde gelten die Lokalitäten Kaser und Hohler Stein nachweislich als festgelegte, markante Begrenzungspunkte. Die alten Flurnamen wie Ramol, Niedertal, (Spiegel-)Ache, Venter Brücke, Steintaufen, Rotenbach, *fontem nigrum* als Schwarzquell, das Moos (*sitam prope pontem*), Wieshof in Vent sowie Vent und Rofen sind also seither urkundlich benannt und bis in die Gegenwart üblich.

In einer weiteren Urkunde vom 13. November 1434, die im Gegensatz zur Urkunde von 1415 bereits deutsch verfasst ist, werden Streitigkeiten über Weiderechte zwischen Vent und Rofen geschlichtet, und zwar vor dem Burggrafen und dem Kellermeister von Schloss Tirol. In dieser Urkunde finden wir Orts- und Flurnamen wie „Sam" (heute „Som"), Rofenbach, Taufegg, Tuiftal und roter Brunnen. Dort findet sich auch ein Hinweis auf das Schneefluchtrecht.

Das Schneefluchtrecht

Als Schneefluchtrecht im engeren Sinn gilt das Recht, bei Schneefall auf den sommerlichen Weiden im Hochtal die Herde bis in die Talregion treiben zu dürfen und dort weiden zu lassen. Die Schnalser hatten und haben dieses Recht. Sie dürfen die Schafherde bei Neuschnee in den Hochlagen in die Felder der Venter Bauern treiben. Zuletzt geschah das im Jahr 1987. In den Berichten der Schnalser wird dabei ausdrücklich hervorgehoben, wie rücksichtsvoll und gastfreundlich die Venter in diesem Sommer 1987 waren.

In dem konkreten, in der Urkunde von 1415 beschriebenen Fall galt das Schneefluchtrecht für das Beweiden der Venter Felder für den Fall, dass die Schafe mehrere Tage wegen Schnee nicht auf den Weiden im Niedertal und am Rofenberg weiden können. Das Wissen um dieses Recht scheint bei den Ventern und Schnalsern bestens verankert und bewusst zu sein. Es heißt wörtlich: *„so mag er mit denselben seinen vihe bescheidentlich und ungevarlich in vender gemerck wayden untz er von snee wider in seinem gemercke wayden mag"*. Über das Schneefluchtrecht hat unter anderem der Rechtshistoriker Nikolaus Grass mehrfach publiziert, vor allem in *„Beiträge zur Rechtsgeschichte der Alpwirtschaft"* (Innsbruck 1948).

Die Bemühungen der Passeirer und Schnalser um ihre WEIDERECHTE beschreibt Siegfried de Rachewiltz (Rachewiltz, Siegfried de: Transumanza, 1994):

„Der Kampf um solche Schneefluchtrechte lässt sich über Jahrhunderte hindurch nachverfolgen. Die Passeirer z. B., die ob ihrer zahlreichen getreuen Dienste (Stellen von Wächtern und Leibgarde, Transporte über den Jaufen usw.) den Landesfürsten besonders nahe standen, bedingten sich schon zur Zeit Albrechts III. das Recht aus, ihre Herden im Frühjahr bis zum Veitstag entlang der Etsch weiden zu lassen. Meinhard II. bestätigte den Passeirern 1272 ihre alten Rechte und verlieh ihnen eine zusätzliche Zollbefreiung. Ähnlich machten es die Schnalser, die sich bei der verhängnisvollen Schlacht an der Calven besonders bewährt hatten und denen 1357 Ludwig von Brandenburg das Recht bestätigt, 400 Schafe durch 39 Tage ‚auf der Meran' zu weiden, ein Recht, das erst 1789 aufgehoben wurde."

Die Verbundenheit der Schnalser mit den Ventern und umgekehrt der Venter mit den Schnalsern ist vielfach gelobt und hervorgehoben worden. Dies mag als Ausdruck ihrer jahrhundertelangen gemeinsamen Geschichte gelten.

Besiedlungs- und Rechtsgeschichte

Die Forschungen u. a. von Franz-Heinz Hye haben gezeigt, dass das Gebiet von Vent mit Rofen und Teilen des Venter Tales bis hinaus nach Zwieselstein vom Schnalstal her besiedelt worden ist; genauer gesagt, aus dem Vinschgau, auf dem „Umweg" über das Schnalstal. In der Zeit um 1200 bis 1300 hieß es Vende vallis snals, also Vent im Schnalstal. Noch der im Schnalstal tätige Ludwig Moser, Kurat in Katharinaberg, hat seine Beschreibung „Das Schnalsertal. Touristische, geschichtliche und andere Notizen" aus dem Jahre 1907 mit der Beschreibung von Vent begonnen.

Vent gehörte bis zum Jahre 1826 zum Bistum Chur wie auch Galtür im Paznauntal und der linksufrige Teil des Passeiertales. Kirchlich wurden Vent und Rofen vorerst provisorisch im Jahre 1827 dem Dekanat Silz und der Diözese Brixen zugeordnet, erst 1938 dann „endgültig" der Apostolischen Administratur Innsbruck. Zivilrechtlich gehörten Vent und Rofen zum Gericht Kastelbell. Im Jahre 1810 hat sie die bayerische Regierung dem Gericht Silz zugeordnet. Unter der österreichischen Regierung kamen sie 1817 zum Gericht Schlanders, dann aber „endgültig" im Jahre 1826 zum Landgericht Silz. Vent mit Rofen wurde 1849 der Gemeinde Sölden angeschlossen. Bis 1919 verlief die Grenze der Gemeinde Sölden aber nicht am Alpenhauptkamm, sondern hinter Rofen auf der rechten bzw. linken Talseite am Vernagtbach und Ramolbach. Diese alten Grenzen gelten bis in die Gegenwart, zumindest für die Almen der Venter und der Ventertaler, also beispielsweise der Ramolalpe gegenüber den Schnalsern und der Nederkogelalpe gegenüber den Bauern des Venter Tales. Deutlich wurde umgekehrt das Zugehörigkeitsgefühl der Venter zum Schnalstal, als sie nach dem Intermezzo im Jahr 1810 auch wieder im Jahre 1826 dem Landgericht Silz zugeordnet wurden. Das jahrelange Bemühen, diese Neuordnung zu verhindern, war nun endgültig gescheitert. In einem Venter Bericht aus dem Jahre 1810 heißt es: *„Es haben sich alle Inhaber der vier Höfe allda versammelt und sich fest zu Folgendem entschlossen. Sie bitten beim alten Gericht Castelbell zu verbleiben."*

Die Venter argumentieren unter anderem damit, dass der Weg nach Silz weiter wäre. Wenn sich auch die Venter 1826 widerwillig beugten, so blieben die Rofner weiterhin stur und standhaft und baten, *„dass sie bei ihrer alten Gerichtsbarkeit vom Hauptschlosse Tirol im Kelleramte zu Meran bleiben dürfen"*.

Ein Schlussstrich wurde erst 1919 mit der Neuordnung der Landesgrenzen von Österreich und Italien und damit der Teilung Tirols durch den Friedensvertrag von St. Germain gezogen. *„Die Almen blieben aber als Privatbesitz der Schnalstaler Bauern"*, ist im Landesgesetzblatt für Tirol Nr. 3 von 1924 zu lesen.

Die Neuregelungen bzw. Bestätigungen alter Rechte nach dem Ersten Weltkrieg beim in Nordtirol zuständigen Bezirksgericht Silz waren überaus mühsam und langwierig. Es mussten sämtliche Mitbesitzer aus dem Schnalstal eingebunden sein, alle mit genauen Angaben zu ihren Höfen. Zwei wichtige Dokumente wurden der Neuordnung zugrunde gelegt: einmal die Urkunde von 1415 und dann eine „Grundlasten-Ablösungs- und Regulierungs-Aktion" der Landes-Commission in Innsbruck vom 11. September 1886. Damals lag die gesamte Niedertalalpe im Bereich der Gemeinde Unser Frau in Schnals. Alle 25 Schnalstaler Mitbesitzer der Niedertalalpe sind aufgezählt, ebenso die „Berechtigten" von Vent, vom Kellerhof, vom Wieshof (geteilt auf zwei Höfe), vom Weinhof und vom Oberhof (ebenfalls geteilt auf zwei Höfe). Dieser Urkunde von 1886 ist auch zu entnehmen, dass jeder der sechs Venter Höfe je ein Pferd halten bzw. überwintern durfte, dass es also zu Saumzwecken sechs Pferde

Ausschnitt aus der Kulturskelettkarte von 1860. Diese Karte diente als Basis für das heute noch gültige Grundbuch.
© TIROLER LANDESARCHIV

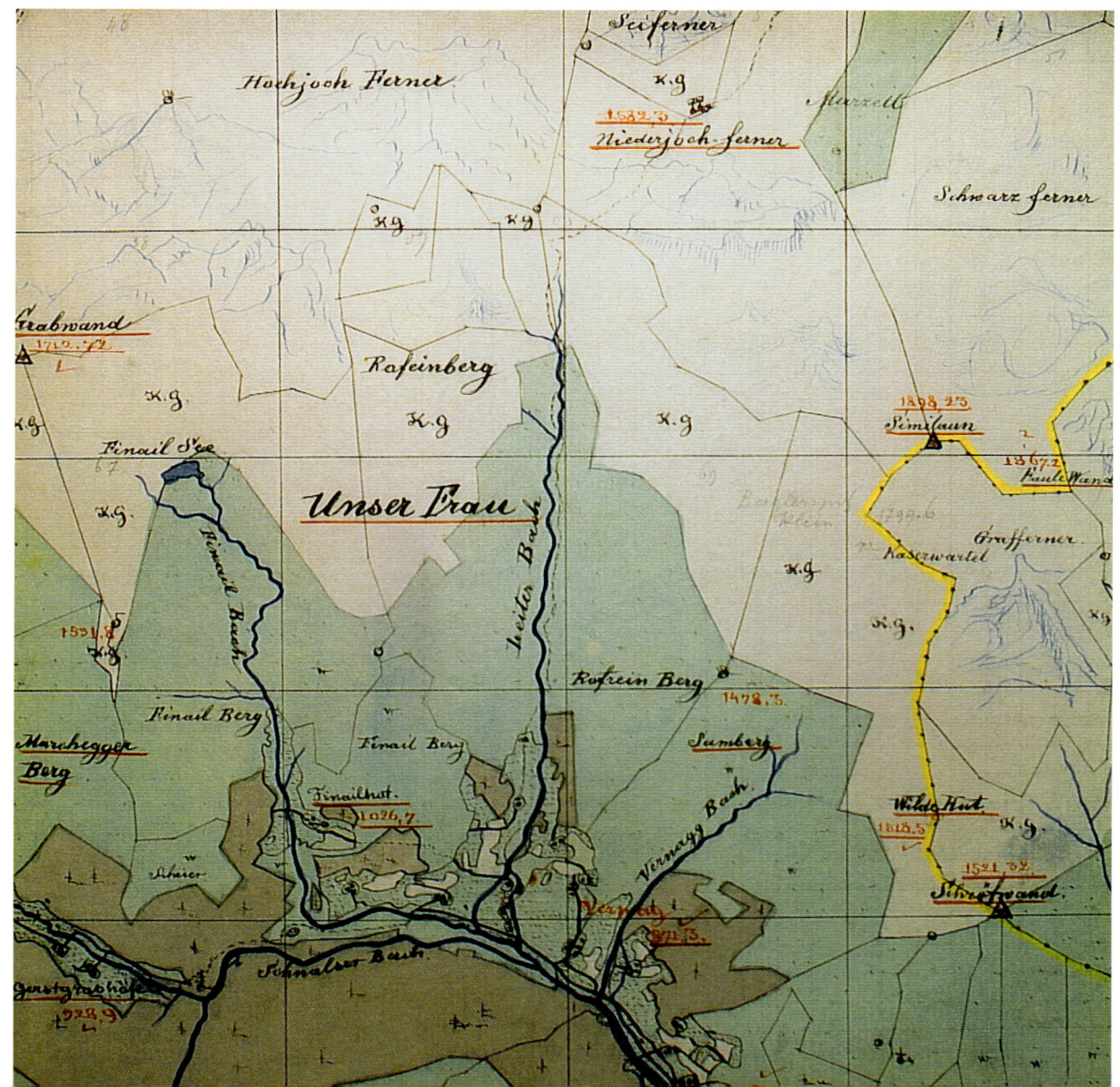

und weiters etwa 80 bis 84 Rinder, 235 Schafe und 75 Ziegen in Vent gegeben hat.

Auch in der sogenannten „Kulturskelettkarte" von 1860, die zur Anlage des Grundbuches erstellt worden war, reicht die Gemeinde Unser Frau unter anderem noch bis zum Vernagtbach.

In den Neuregelungen nach 1918 wird auch festgelegt, welche Pflichten den Eigentümern der Samoarhütte (heute Martin-Busch-Hütte), also der Sektion Berlin des Deutschen Alpenvereins, bezüglich der Bewirtung der Hirten und Treiber auferlegt sind und dass es für die Venter Pferde einige Sonderregelungen gibt hinsichtlich der Weide im Bereich der Schnalser. Die Pferde waren privilegiert. Sie waren von existenzieller Bedeutung für die Venter Bauern. Auch in dieser

Diese Karte dokumentiert klar, dass der Grundbesitz der Gemeinde „Unser Frau" bis zum Hohlen Stein oberhalb von Vent reichte. © TIROLER LANDESARCHIV

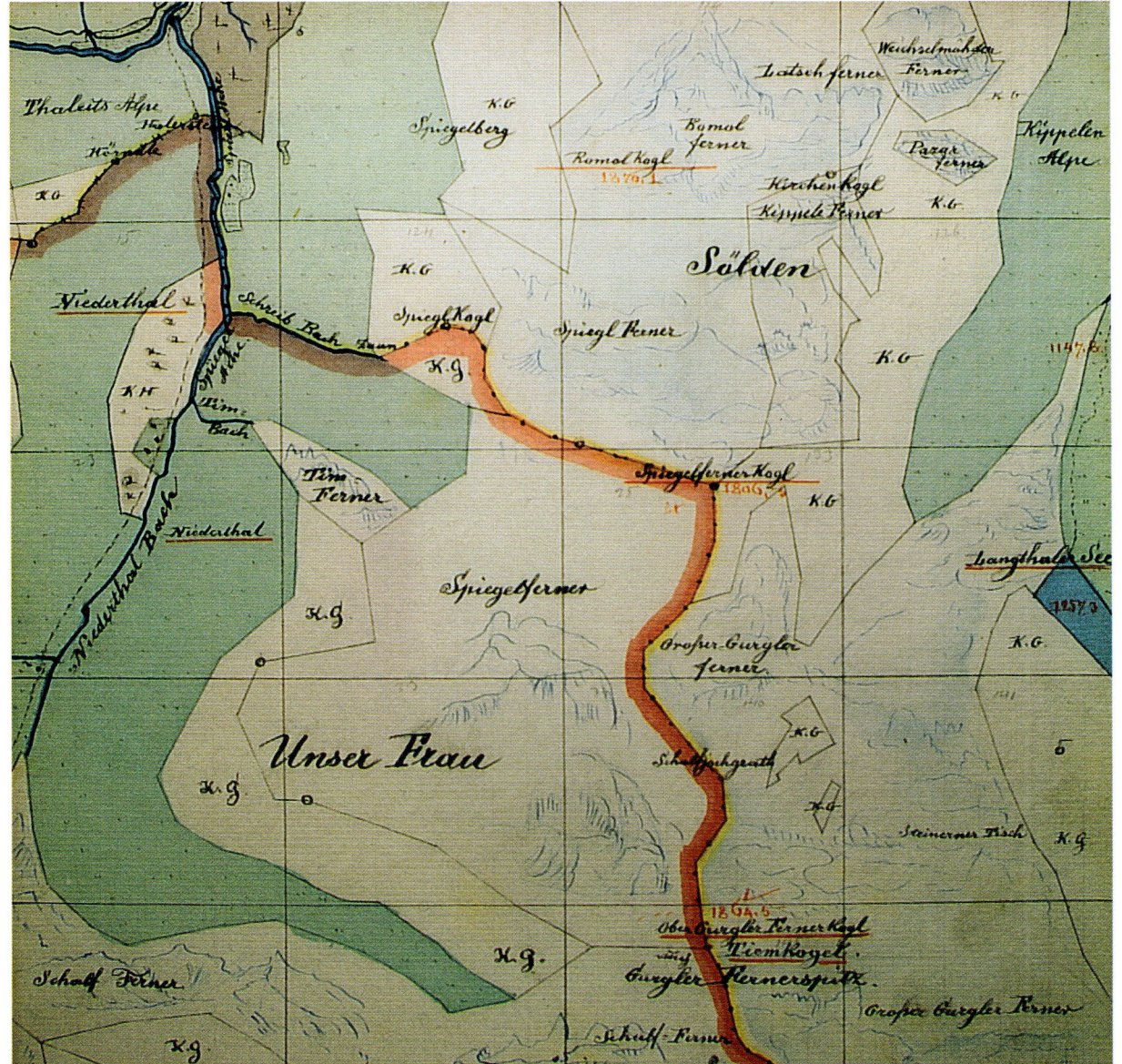

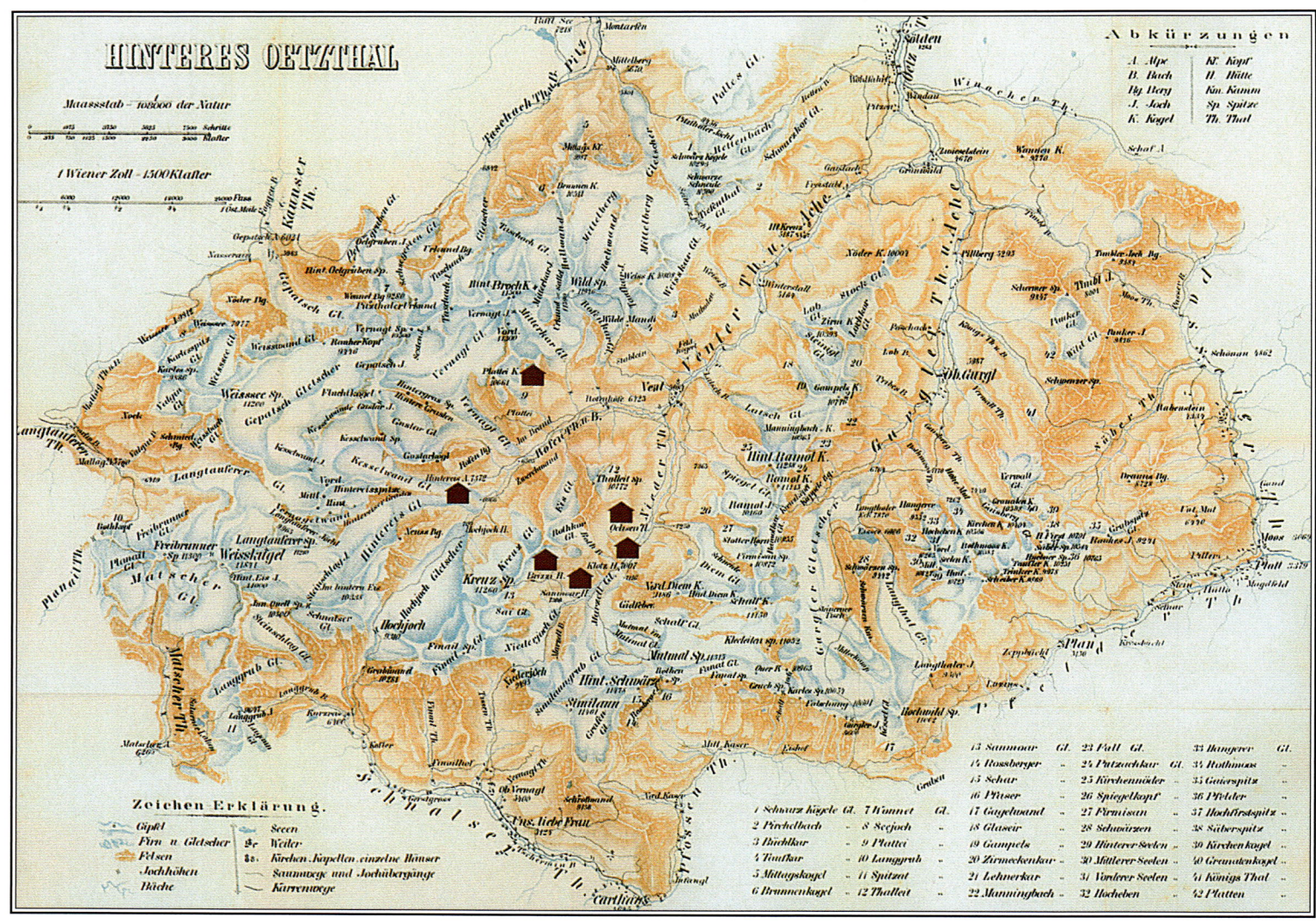

In der Karte markiert sind die ehemaligen und aktuellen Schäferhütten der Südtiroler auf Ötztaler Seite, im Bereich Vent, im Niedertal und am Rofenberg. © ÖTZTAL-ARCHIV

Hinsicht basiert die Regulierung von 1886 und die Regelung von 1928 ausdrücklich auf der Vereinbarung von 1415.

Interessant ist weiters, dass in der Besitzbeschreibung der Niedertalalpe in Parzelle 625 die „Alpe mit drei Hütten" und auf Parzelle 623 die „Alpe samt Hütte" genannt sind. Welche Schäferhütten sind das? Heute gibt es nur eine auf ungefähr halbem Weg zwischen Kaser und Samoarhütte (mehr dazu auf Seite 107ff.). Jedenfalls verzeichnen die Generalstabskarte von 1817 und die beiden Karten von Amthor aus den Jahren 1870 und 1872 mehrere Schäferhütten. Es sind teilweise Vorläufer späterer Schutzhütten.

Waren die Neuordnungen nach 1918 der endgültige Schlussstrich unter einer jahrhundertelangen gemeinsamen Rechtsgeschichte?
Im Ötztal-Archiv verwahren wir die Kopie eines Schreibens vom 29. Jänner 1938. Die „Sacra Congregatio Consistorialis", also die Heilige Kongregation in Rom, verfügte per Dekret, dass das Vikariat Vent in der Republik Österreich nun nicht mehr dem Bistum Trient zugehörig sein könne. So langsam mahlen „Gottes Mühlen": 20 Jahre nach der Teilung des Landes und mehr als 100 Jahre nach der Lostrennung von Vent und Rofen vom Gericht Schlanders bzw. Kastelbell, der kirchlichen Trennung von Göflan bzw. Tschars und der Zuteilung nach Norden zum Gericht Petersberg und zur Pfarre Sölden wird nun auch die Trennung von der Diözese Trient vollzogen und das Venter Tal der Diözese Innsbruck zugeordnet.

Die Besiedlung des Raumes um Gurgl

Es wird immer geschildert, dass die Besiedlung von Gurgl aus dem Passeiertal erfolgte. Das mag zum Teil stimmen. Weil aber die Schnalser den beschwerlichen Weg durch das Pfossental und über das Gurgler Eisjoch sowie über das Langtaler Joch für ihre Schaftriebe gewählt hatten, bestanden enge Kontakte direkt vom Schnalstal aus und damit auch aus dem Vinschgau, vornehmlich aus der uralten Kulturregion um Naturns. Somit wird bei der Erforschung der Besiedlung des Raumes um Gurgl die Verbindung zu Schnals und dem Vinschgau neu bewertet werden müssen. Bestärkt wird diese Annahme durch eine Sage und durch neue ur- und frühgeschichtliche Forschungen. In der Sage „Gurgl in alten Zeiten" schildert der Sagensammler Christian Falkner, gebürtig aus Sölden, dass in „alten Zeiten" die Häuser noch weiter droben gegen den Großen Gurgler Ferner zu gestanden wären, etwa eine Stunde Fußmarsch vom heutigen Gurgl taleinwärts. Genau dort, an der Position „Am Beilstein", haben ur- und frühgeschichtliche Forschungen nachweisen

können, dass an diesem begünstigten Platz auf über 2100 Meter Höhe eine Siedlung bestanden hat, deren Alter jetzt auf ca. 9400 bis 9600 Jahre datiert wird.
Eine Besiedlung dieses höchstgelegenen Dorfes kann nur auf dem Weg über den Großen Gurgler Ferner erfolgt sein, also von Süden her über das Gurgler Eisjoch (3151 m) oder über das Langtaler Joch (3033 m). Beide Jöcher wurden bis zum Jahr 1963 für den Schaftrieb aus dem Vinschgau, über das Schnalstal und durch das Pfossental benutzt. Hingegen kann angenommen werden, dass ein

Teil der Besiedlung von Gurgl über das Timmelsjoch, aber auch über die beiden Verwalljöcher und/oder über das Königsjoch, also aus dem innersten Passeiertal heraus, erfolgt ist. Diese Jöcher wurden und werden teilweise auch für Schaf- und Viehtriebe genutzt, vor allem aber zum Schmuggel während und knapp nach den Weltkriegen. Langtaler Joch und Gurgler Eisjoch sind hingegen „regulär" durch Jahrhunderte für geordnete Schaftriebe genutzt worden.

DIE ALMRECHTE IM NIEDERTAL

Karl-Heinz Werner hat eine Urkunde vom Jahre 1563 veröffentlicht, in dem die Almrechte im Niedertal detailliert aufgelistet sind (Die Almwirtschaft des Schnalstales, Innsbruck, 1969). Dort werden zumeist und überwiegend dieselben Höfe genannt, die bis in die Gegenwart Besitzanteile an der Weide im Niedertal haben: der Rateishof mit 9 Ochsen und 57 Schafen, der Walchhof mit 6 Ochsen und 44 Schafen, der Nischlhof mit 9 Ochsen und 50 Schafen, der Unterpifrailhof mit 6 Ochsen und 36 Schafen, detto der Oberpifrailhof, dann der Rainhof mit 8 Ochsen und 48 Schafen, der Niederhof mit 16 Ochsen und 88 Schafen sowie weitere Höfe. Zusammen hatten sie das Recht, 177 Ochsen und 1037 Schafe aufzutreiben. Da aber der Übertrieb mit Ochsen nach und nach aufgegeben wurde, konnten die Schafzahlen entsprechend vermehrt werden. Es wurde ein Ochs mit vier Schafen gegengerechnet. Somit hatten die damals 18 Höfe das Recht, insgesamt 1745 Schafe in das Niedertal zu treiben. Weil aber die Schnalser Weideinhaber in den letzten Jahren die Schaf- zugunsten der Rinderhaltung stark reduziert haben, konnten sie den eigenen Bestand durch fremde Schafe auffüllen, zum Teil durch Schafe aus dem Vinschgau einschließlich dem Sonnenberg, aber speziell durch Schafe aus anderen Teilen Südtirols, beispielsweise (wie 2005 und aktuell 2006) aus dem Bozner Unterland. Jedenfalls sind die Auftriebszahlen bis heute mit annähernd 1734 Schafen unverändert. Eine weitere, noch immer aktuelle und genutzte Urkunde ist datiert mit 1750 und beinhaltet die „Verleihung des halben Rofenbergs im hintersten Ötztal".

Demnach wird die Grenze wie folgt festgelegt: *„Nach an die Zwerch Want gegen Vernag und hinauf inß joch Sambayr genannt, abent an das Schnalßer Joch so Ezthall und Schnalß entschaidet und mitternacht oben hindurch an Landt Taufers und Cammer Thall vorbehaltlich der bösseren cocherenzen durch auß den halben thaill."*

Die Zwerchwand und der Vernagtbach bilden auch heute noch die Grenze. Bis dorthin stehen die Weiden im Eigentum der Rofenhöfe. Auf der linken Talseite, von der Zwerchwand taleinwärts, mit einer Grundfläche von ca. 256 Hektar steht die Weide im Besitz der Sektion Berlin des Deutschen Alpenvereins, wird aber den Nutzern aus dem Schnalstal überlassen. Dasselbe gilt von einer Fläche von ca. 173 Hektar im Bereich des Hochjochhospizes, die ebenfalls der Sektion Berlin gehört. Nicht urkundlich geregelt, aber einvernehmlich toleriert ist bis dato die Nutzung der weiten und großen Flächen im Besitz der Österreichischen Bundesforste.

Bemerkenswert ist die Nennung der Flur „Sambayr". Das wird vermutlich Samoar sein. Es gibt in dieser Region erstaunlich viele alte und zum Teil sehr alte Berg-, Flur- und Ortsnamen, die auf eine langanhaltende Nutzung schließen lassen.

Das alte, nicht mehr bestehende Hospiz am Weg zum Hochjoch im Ötzthal in Tirol, mit dem Blick nach Norden. Nach der Natur gezeichnet von Karl Schmetzer.

Vom richtigen Zeitpunkt

Nach alter Überlieferung sind die Tage des Schaftriebes geregelt. Ins Ötztal gefahren wird überlieferungsgemäß nicht vor dem Veitstag, also dem 15. Juni. Richtiger und noch älter ist die Regelung mit dem Tag des heiligen Medardus, also dem 8. Juni. Dieser Termin ist schon in der Urkunde von 1415 vermerkt. Der Abtrieb erfolgt um den 10. bis 12. September, nicht aber nach dem Fest der Kreuzerhöhung am 14. September. Anders ist es beim Timmelsjoch. Der Auftrieb erfolgt ohne strenge Regelung, zumeist etwas früher als über Hochjoch und Niederjoch. Der Abtrieb erfolgt bis zu 14 Tage nach dem Termin von Hochjoch und Niederjoch und kann um den 22. bis 24. September, aber auch bis zu einer Woche später erfolgen.

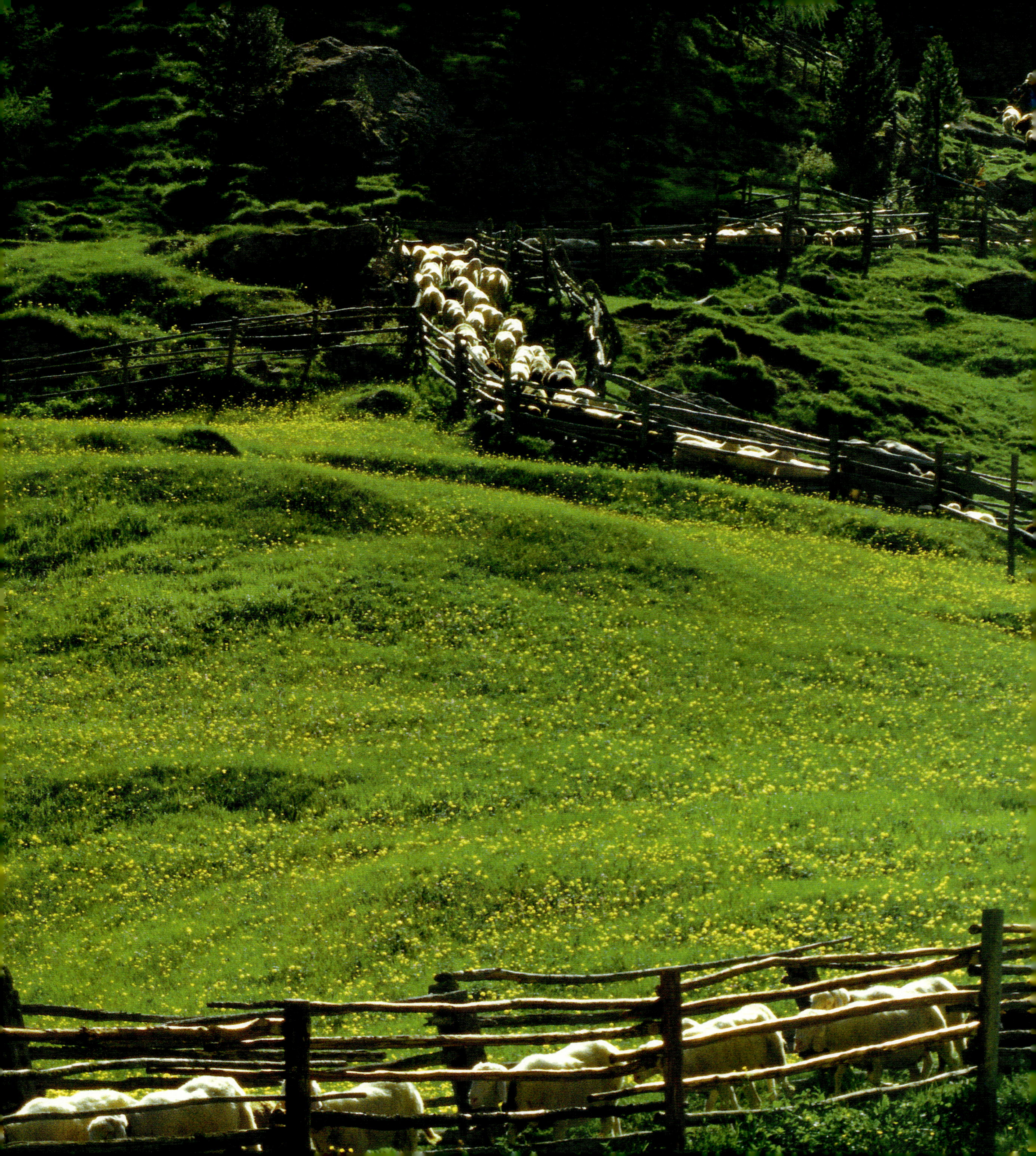

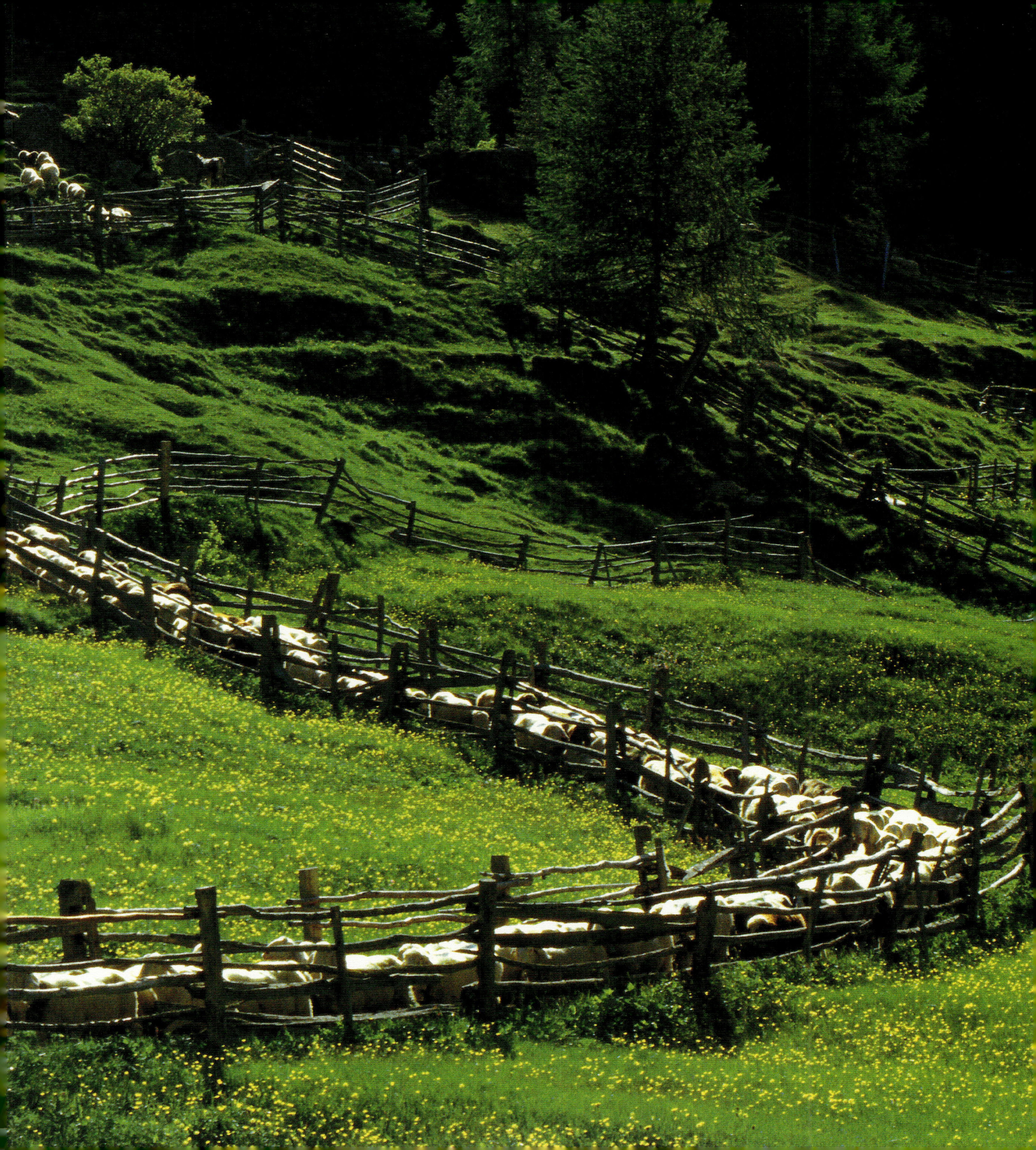

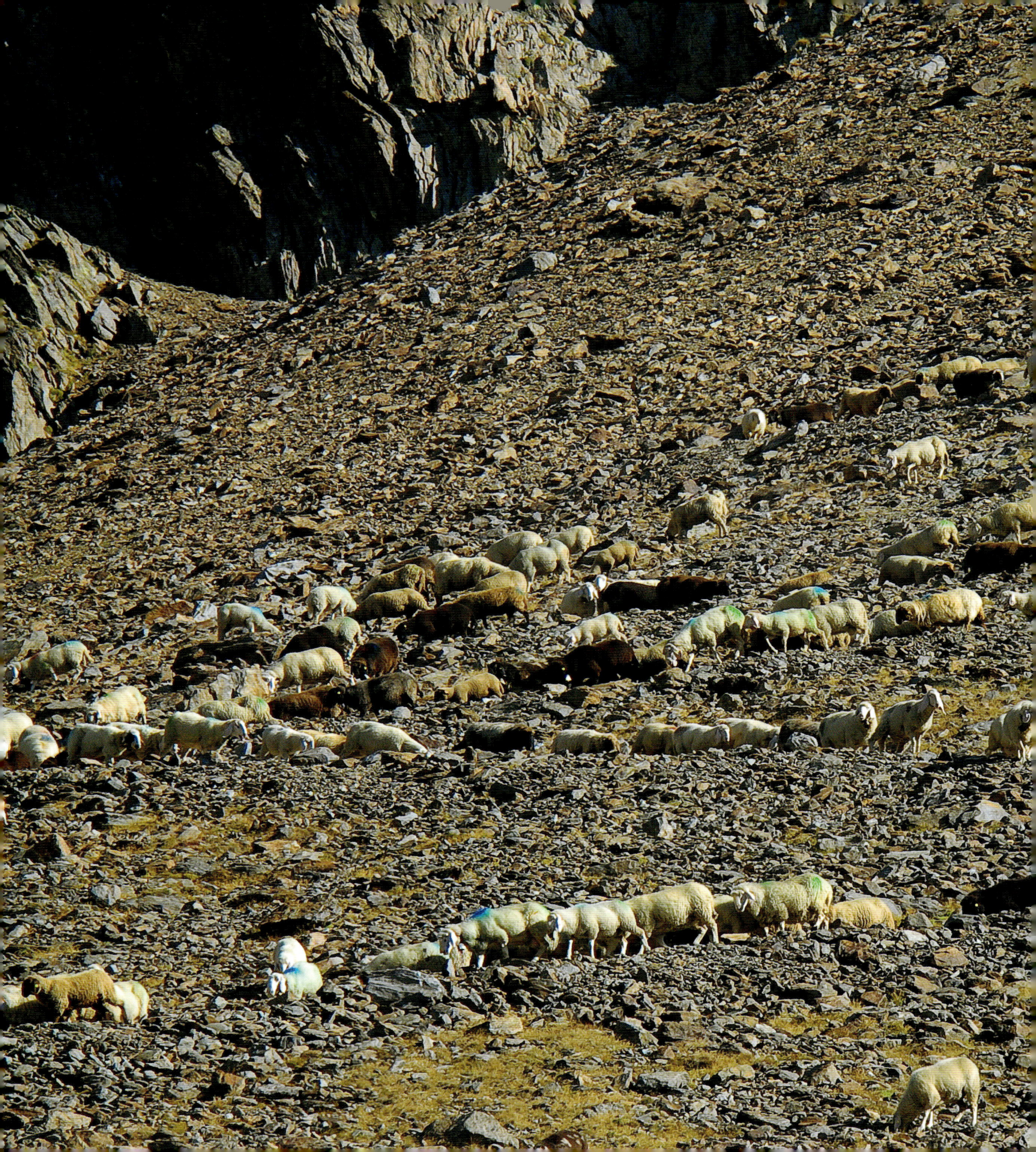

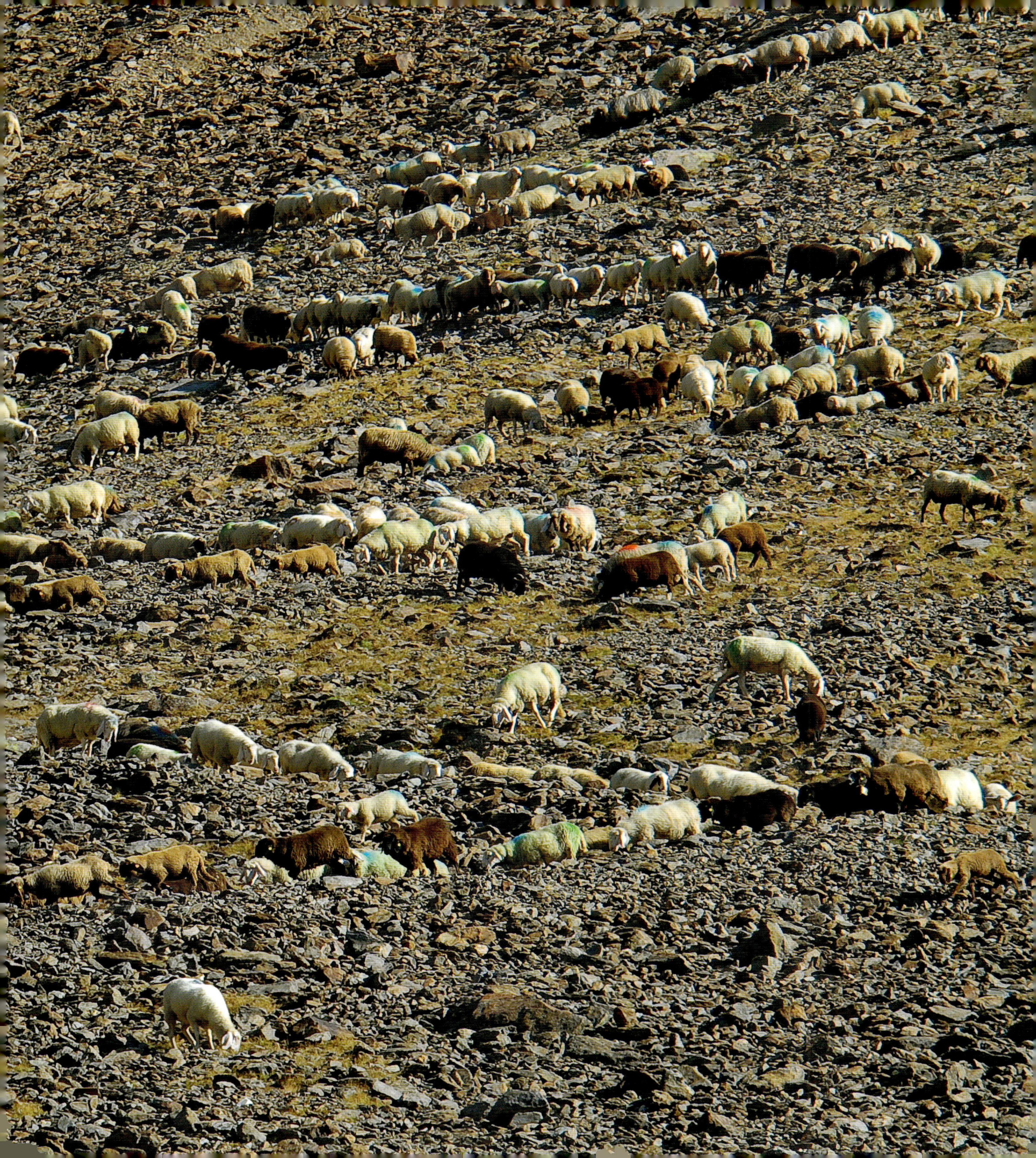

Seite 38/39:
Der italienische Fotograf Mauro Gambicorti hat die einzelnen Passagen und Szenen des Schaftriebes aus dem Vinschgau auf die Ötztaler Weiden in beeindruckenden Bildfolgen festgehalten. © M. Gambicorti

Seite 40/41:
Wenn die etwa 2000 Schafe im September nach dem Abstieg vom Niederjoch oder die etwa 1600 Schafe vom Hochjoch wieder das erste Grün erreichen, gibt es eine ausgiebige Rast. Jahr für Jahr werden dieselben Rast- und Weideplätze aufgesucht. © Th. Defner

DIE BESCHWERLICHEN WEGE ÜBER DEN ALPENHAUPTKAMM: TIMMELSJOCH, LANGTALER JOCH, GURGLER EISJOCH, NIEDERJOCH UND HOCHJOCH

Folgende Wege und Steige der Schaftriebe von Südtirol ins Ötztal über den Alpenhauptkamm und wieder zurück werden aktuell genutzt:
- TIMMELSJOCH, 2474 Meter
- NIEDERJOCH, 3017 Meter (auch „Schnalser Jöchl" genannt)
- HOCHJOCH, 2885 Meter

Fallweise, in bestimmten Jahren und unter bestimmten Voraussetzungen, wurden mit den Schafen, aber auch zum Schmuggeln, folgende weiteren Übergänge genutzt:
- WINDACHSCHARTE, 2862 Meter (zwischen Timmelsalm und dem Windachtal; die Schafe kamen über das Timmelsjoch, wurden nach Zwieselstein und Sölden und von dort in das Windachtal getrieben)
- KÖNIGSJOCH, 2825 Meter
- APERES VERWALLJOCH, 2902 Meter
- VEREISTES VERWALLJOCH, 2930 Meter
- LANGTALER JOCH, 3031 Meter (bis 1963 fallweise mit Schafen benutzt, und zwar in der Regel bei der Rückkehr von den Gurgler Weiden im September)
- ROTMOOSJOCH, 3055 Meter
- GURGLER EISJOCH, 3151 Meter (regelmäßig bis 1963 benutzt)
- TISENJOCH, 3208 Meter (vor allem bei starker Vereisung des Niederjoches genutzt)
- WEISSSEEJOCH, 3046 Meter (Verbindung zwischen Langtauferer Tal und Kaunertal; offenbar wurde dieses vielbegangene Wallfahrtsjoch nach Kaltenbrunn fallweise auch mit Schafen begangen)

In den meisten Berichten über die Schafwanderungen von Südtirol ins Ötztal wird der Übertrieb über das TIMMELSJOCH zumeist „vergessen". Dieses unvergletscherte Joch hatte und hat große Bedeutung in der Verbindung von Norden und Süden; auch als Handelsroute. Das hat vor allem Kurt Scharr in seinem Buch *„Leben an der Grenze der Dauersiedlung"* (Schlern-Schriften 314, Innsbruck 2001) dokumentiert. Wie neueste ur- und frühgeschichtliche Funde belegen, wurde das Joch bereits in der Jungsteinzeit begangen.

DER WEG ÜBER DAS TIMMELSJOCH

Nach einigen Jahren der Unterbrechung werden von Südtirol her alljährlich wieder Schafherden über das Timmelsjoch ins Ötztal getrieben. Genaue Zahlen sind nur schwer feststellbar. Zwei aus dem Passeiertal stammende und dort wohnende Hirten haben Schaftrieb und Weide übernommen, Tonl Pichler aus St. Martin in Passeier und Alfons Gufler aus Pfelders. Beide zusammen trieben in den Jahren 2003 bis 2007 schätzungsweise zwischen 1200 und 1800 Schafe übers Joch. Die Zahlen ergeben sich aus den Listen der amtlichen Tierärzte, in denen die Lämmer allerdings nicht verzeichnet sind. Der Begriff „treiben" ist nicht mehr ganz aktuell. Bedingt durch die ständige Verbesserung und den Ausbau der Timmelsjochstraße werden die Schafe beim Herüber-„Trieb" im Juni überwiegend mit Lastwagen gefahren. Einen sehr triftigen Grund dafür nennt Alfons Gufler: Er bekommt teilweise Schafe, die vorher nur im Stall waren und daher keineswegs geländetauglich sind; aus seiner Erfahrung würden diese Tiere kaum den zweistündigen Aufstieg von der Timmelsbrücke bis zum Joch „derpacken". Alfons Gufler besteht aber darauf, dass die im Sommer auf den Gurgler Weiden geweideten Schafe nach wie vor durch Obergurgl getrieben

Ausschnitt aus der Mappe „Archäologische Wanderwege – Auf den Spuren des Mannes aus dem Eis" von Pro Vita Alpina mit den eingezeichneten Wegen der Schafe über Timmelsjoch, Gurgler Eisjoch, Niederjoch und Hochjoch sowie mit den derzeit aktuellen Schäferhütten der Südtiroler Hirten © Ötztal-Archiv

Alfons Gufler ist mit „seinen" Schafen in Obergurgl angekommen. Jetzt kommen die Bauern und beginnen mit dem Aussortieren der eigenen Tiere. © H. Haid

werden und dann auf der Timmelsjochstraße bis zum Joch hinaufgehen. Vom Joch weg ziehen die Schafe auf dem alten Fußweg zur Timmelsbrücke. Von dort weg werden sie mit Lastautos durch das Tal hinaus in die verschiedenen Orte des Landes verfrachtet (zur Herkunft der Schafe siehe Seite 66ff.).

Beim Schafweg durch das Timmelstal drohen auf Ötztaler Seite immer wieder Neuschnee, Schneesturm und Lawinen. Von einer dramatischen Situation berichtet Alfons Gufler im Kapitel „Des muass man selbr mitdrlebm" (siehe Seite 79ff.).

Der Weg über das Gurgler Eisjoch und das Langtaler Joch

Der gefährlichste und schwerste aller Schafwege führte über das Gurgler Eisjoch und das Langtaler Joch. Annemarie Richter beschreibt in ihrer

Dissertation *„Almgeographische Studien im Ötztal"* (Innsbruck 1941) diesen Schaftrieb: *„Noch ein letzter Übergang führt aus Südtirol ins Oetztal. Es ist der Weg über den Großen Gurgler Ferner und Langtalerferner, der aus dem Pfossental kommt. Es ist weitaus der schwierigste und gefährlichste Gletscherweg und auch der einzige, wo beim Hinfahren ein anderer Weg benützt wird. Beim Hinfahren führt der Weg über den Gurglerferner, beim Rückfahren über den Langtalerferner, da der Gurglerferner zu sehr ausgeapert ist und durch seine Spalten gefährlich wäre. Der Rückweg am Abhang der Hohen Wilde ist überaus absturz- und steinschlaggefährdet."*

1963 wurde dieser Übertrieb zum (vorläufig) letzten Mal durchgeführt – ein spannendes und oft auch dramatisches Stück Kulturgeschichte ist seither Vergangenheit.

Vom Joch weg führt der steile und ausgesetzte Pfad weiter zur Stettiner Hütte (2875 Meter), die auch Eisjöchlhütte bzw. Rif. Francesco Petrarca heißt. Von dort geht es über das Eisjöchl (bezeichnet mit „Am Bild") weiter in das PFOSSENTAL. Alfons Gufler hat mir viel über den Josef Weiss und die anderen Südtiroler erzählt, die diesen gefährlichen Schaftrieb durchgeführt haben. Josef Weiss, der legendäre WOLDER SEPPL (1910–2003), gebürtig aus dem Ultental, ist 13 Mal bis zum Jahre 1958 über das Eisjoch gefahren. Danach haben es bis zum Jahr 1963 noch die Brüder Hillebrand aus Naturns gewagt.

Im Ötztal-Archiv verwahren wir die Kopie eines

Beim ehemaligen Eishof im Pfossental. Von hier weg führte bis 1963 der gefährliche Steig über das Gurgler Eisjoch.
© H. WIELANDER

leider nur teilweise vorhandenen Tonbandmitschnittes einer Sendung des Österreichischen Rundfunks aus dem Jahre 1956 in einer Wiederholung vom 13. 6. 1999. In der kurzen Reportage hören wir auch den Wolder Seppl, der den gefährlichen Schafübertrieb über das Gurgler Eisjoch organisiert und geleitet hat (vgl. Tondokument auf der beiliegenden DVD).

Seit dem Jahr 1937 führte der Wolder Seppl die Schafe über das Joch, auf einem Pfad, der so schmal ist, dass die Schafe „einlings", also einzeln, im Gänsemarsch hintereinander hergehen müssen. Drei Tage ist der Zug unterwegs, neun Hirten bzw. Treiber und ein Hund – und rund 700 Schafe. Allein der Anstieg vom Eishof, dem ehemals höchstgelegenen Bauernhof Mitteleuropas, bis zum Ferner dauert sechs Stunden, der Weg über den Ferner dann je nach Verhältnissen bis zu acht Stunden. Oft waren schwierige Verhältnisse zu befürchten, Neuschnee zu erwarten.

Hans Falkner aus Obergurgl hat zweimal als Hobbyfilmer Aufnahmen gemacht, beim Schaftrieb in den Jahren 1948 und 1954. Der zweite Beitrag aus dem Jahre 1954 hat den Titel „Schafe in Not" und zeigt eine dramatische Hilfsaktion, die nötig war, um die Schafe nach einem bedrohlichen Schneefall zu versorgen und zu retten. Geradezu legendär ist in diesem Zusammenhang der „BROSER" Martin Scheiber von Obergurgl, nach seinen Angaben erster und einziger (in Deutschland) geprüfter Schäfermeister Österreichs. Auch der Gurgler Hotelier und Bauer Erich Scheiber hat sich bei diesem Einsatz besonders verdient gemacht. Sein Sohn Lukas wiederum gilt für Alfons Gufler neben Bernhard Scheiber, dem Obmann der Agrargemeinschaft Rotmoos-Kippele-Alm, als wichtiger Partner und Helfer bei den mühsamen Arbeiten des Schafesuchens, des Zusammentreibens, des Organisierens der Herde im steilen, teilweise gefährlichen Gelände.

Alfons Gufler (links) und Josef Weiss, der „Wolder Seppl", in der Schäferhütte auf der Gurgler Alm © H. HAID

Dass es zu schrecklichen Katastrophen beim Schafübertrieb über das Gurgler Eisjoch gekommen ist, erfahren wir aus Sagen und mündlicher Überlieferung. Es wird davon berichtet, wie man bei einem dramatischen Schaftrieb, vermutlich um 1920 (der Termin ist nicht gesichert), in der 2875 Meter hoch gelegenen Stettiner Hütte (auch Eisjöchlhütte genannt) Zuflucht gesucht hat, um im Schneesturm einen Teil der Schafe retten zu können (siehe dazu auch Seite 83ff.). Einige Unglücks- und sogar Todesfälle sind überliefert und teilweise in der CHRONIK DER PFARRE GURGL bezeugt.

Die Zahl der Schafe, die über das Gurgler Eisjoch getrieben wurden, schwankte in der Regel

zwischen 700 und knapp über 1000 Tieren.
Bis jetzt völlig ungeklärt und sehr geheimnisvoll ist Herkunft und Bedeutung des Namens ANNAKOGEL (3336 m), eines Gipfels, der knapp der HOHEN WILDE (3480 m) vorgelagert ist. Dort zogen die Schafe vorbei. Nach neuesten Forschungen der Landschaftsmythologie und der Kulte könnte es sich um einen heiligen Berg der Anna bzw. der ANA handeln. Kurt Derungs vermutet in seinem Buch „*Magische Stätten der Heilkraft*" (Grenchen/CH 2006), dass „Ana" auch im Bergnamen Similaun (3606 m) steckt.

DER WEG ÜBER DAS NIEDERJOCH

Der Schaftrieb über das knapp über 3000 Meter hohe Niederjoch, auch Schnalser Jöchl genannt, ist am besten dokumentiert.
FRANZ SENN, der große Erschließer der Ötztaler Alpen und Mitbegründer des Alpenvereins, der von 1860 bis 1872 Kurat von Vent war, erwähnt im Jahre 1865 im Band I des Jahrbuches des Oesterreichischen Alpenvereins (Wien 1865) als Erster in der gesamten Alpinliteratur, dass „*fast der ganze Bezirk des Niederthales gewissen Hofbesitzern aus dem Thale Schnals* [gehört], *welche alljährlich Mitte Juni eine Heerde von beiläufig 1800 Schafen und 80 Ochsen über das Niederjoch herübertreiben und Mitte September auf demselben Wege wieder zurückkehren (abfahren). Dies Recht auf Benützung der Weide besitzen die Schnalser seit undenklichen Zeiten.*"

Bei Schönwetter treffen sich heute zahlreiche Besucher aus dem In- und Ausland, fast in jedem Jahr auch Filmemacher, Fotografen und Reporter, um an diesem Treiben teilzunehmen. Es gibt ziemlich genaue Angaben über die Zahlen der Schafe, die übers Joch getrieben werden. Erst in den letzten Jahren führt der Weg nicht mehr ausschließlich oder überhaupt nicht mehr über den Niederjochferner bzw. über den Hochjochferner. Infolge radikal starker Ausaperung kann der Weg problemlos durchgeführt werden, ohne den Gletscher zu betreten. Herrschen gute Schneeverhältnisse auf dem Ferner, ziehen es die Hirten und Treiber aber vor, zumindest ein Stück über den Ferner zu fahren. Die Schafe sind dann etwa eine Stunde auf dem Eis. Auf der ganzen Länge zogen etwa 1600 Schafe zuletzt im Jahre 1999 über den Hochjochferner. (Abbildungen!)
Bei Schönwetter ist der Übertrieb problemlos. Es sei denn, dass die letzte Gruppe der Schafe erst am späten Vormittag Mitte Juni zum Ferner kommt und im aufgeweichten Schnee fast nicht mehr weiterzubringen ist.
Ganz anders sind die Verhältnisse bei starkem Neuschnee und gar erst bei Schneesturm.
In der gesamten Reiseliteratur über die Region und vor allem in den Berichten der ersten Alpinisten und Alpenforscher ab 1840 finden sich nur sehr spärliche Hinweise auf den Schaftrieb, am ehesten werden noch Schäferhütten bzw. die Spuren von Schafen genannt.

Die wichtigsten und markantesten Kommentare verfasste ERZHERZOG JOHANN, der im Auftrag des kaiserlichen Bruders im Jahre 1846 durch das Ötztal reiste und vor allem die durch den Ausbruch des Vernagtfernersees im Jahre 1845 angerichteten Schäden feststellen und entsprechende Vorschläge zum Schutz vor weiteren Katastrophen und zur Sanierung der Schäden ausarbeiten musste. Erzherzog Johann notiert in

Auf der Kaser im Niedertal steht dieser aufgestellte Stein, wahrscheinlich ein kultischer Menhir. Im Hintergrund der noch vor wenigen Jahren weitgehend weiße Similaun, der „Berg der weißen Göttin Ana" © H. Haid

seinem Tagebuch: *„Man erreicht (Anmerkung: im Niedertal) auf Schnals gehörige Kaser. Die ausgedehnten Weiden werden durch Schafe abgeweidet. Über kleine Bäche, wo in den Gräben überall die Spuren der Schneelawinen sich zeigen, geht es weiter und der zerrissene Steig wandelt sich zu einem durch Tritte dieser Tiere bezeichneten Schafsteig ... Unser Steig führte nach dem Fernerrand aufwärts. Dann, ihn verlassend, wendet man sich in ein Thal durch den grünen Abhang ..., durch die Wände des Marzell. Der Boden ist Weide und steinig. Da begegnen uns Schafe. Kein Hornvieh wird hier, obgleich die Weide sehr reichlich zu sein scheint, gehalten, weil dieselbe dem Rausch unterliegt. Welche Ursache mag da liegen, welche Pflanze dies bewirken? ...* (zitiert nach: Zeitschrift des Deutschen und Oesterreichischen Alpenvereins Band 34, 1903, S. 88 ff.).

Der Erzherzog beschreibt dann den Weg zum Niederjoch, nennt eine bei Nebel hilfreiche

Ratsche bzw. Klapper und stellt dann fest: *"Das Beste und Sicherste bleibt immer, der Spur der Schafe zu folgen, welche den Steig bezeichnen."*
Ein weiterer wichtiger Tagebucheintrag von Erzherzog Johann betrifft die Ötztaler Schafwolle: *"Nach dem Frühstück nahm ich Abschied von den guten Hausleuten, dem Pfleger Wiktorin und Hepperger, kaufte mir einen Mantel von weißer Schafwolle um 3 fl, ein Produkt des Oetzthales; man rechnet die Elle dieses Stoffes auf 32 kr. öW., also 6 Ellen und 12 kr. Macherlohn. Solche Mäntel sind leicht und warm ..."* (am angegebenen Ort)
Den in Vent um drei Gulden gekauften Schafwollmantel lobt der Erzherzog und es ist anzunehmen, dass er dieses Produkt in seiner Weise mehrfach weiterempfohlen hat. Das hat er auch nachweisbar beim Flachssamen getan, den er im Ötztal in allerhöchster Qualität vorgefunden, ihn vor Ort eingekauft und für weite Teile der Monarchie vorgesehen hat.
In einer im Jahr 1903 von den Gastwirten des Ötztales herausgebrachten Schrift heißt es über Sölden: *"... Dafür sehen wir ausgedehnte Viehweiden und vortreffliche Bergwiesen. Erstere dienen als Aetze für die eingehandelten Schafe aus dem Schnalsertale, die dann gemästet und weitum verkauft werden und aus deren Wolle der heimische ‚Loden' zur Bekleidung stammt."*

Der Weg über das Hochjoch

Recht unterschiedlich sind Image und Bekanntheitsgrad des Schaftriebes über das Niederjoch im Vergleich zum ähnlich wichtigen Schaftrieb über das Hochjoch. Welcher der beiden Schaftriebe wichtiger oder älter ist, ist nicht geklärt. Im Unterschied zum Niederjoch besitzen Schnalser Bauern am Ötztaler Zugang zum Hochjoch einen schmalen Streifen bis ganz hinauf. Auf dem Weg über das Niederjoch müssen die Südtiroler eine längere Strecke ein Gebiet queren, das den Österreichischen Bundesforsten gehört. Der Schnalser Besitz im Niedertal ist aber insgesamt wesentlich größer als im Rofental, nämlich ca. 2145 Hektar Alleinbesitz (plus ca. 150 Hektar zu 50 % gemeinsam mit den Ventern), im Rofental sind es ca. 745 Hektar. Der Schaftrieb über das Niederjoch wird genauso wie der Schaftrieb über das Hochjoch zu einem überwiegenden Teil von Schafen aus dem Vinschgau durchgeführt. Das hängt mit alten Vereinbarungen zusammen, die beispielsweise mit den Schafhaltern vom Schlanderer Sonnenberg und den Bauern aus Kortsch und Laas sowie weiteren Talorten im Vinschgau getroffen wurden und die jetzt als traditionell gelten. Der Anteil der Schnalser Schafe an beiden Schaftrieben beträgt nur geschätzte 15 bis 20 %.
Einige Schnalser Bauern besitzen Schafweiden im Niedertal und im Rofental. Ein wesentlicher Unterschied zwischen dem Nieder- und dem Rofental besteht darin, dass die Alpinteressentschaft Niedertal einen eigenen Schäfer anstellt, während im Rofental seit Jahrzehnten ein Vertreter der Familie Gurschler auf eigene Gefahr und Risiko die Alm übernimmt und dafür sorgt, dass ausreichend Schafe gealpt werden, nicht zu viele und nicht zu wenige, dass alles optimal organisiert ist und funktioniert, wie es seit Generationen, seit Jahrhunderten, ja seit Jahrtausenden üblich ist und sich bewährt hat.
Über das Hochjoch werden etwas weniger Schafe getrieben als über das Niederjoch, im langjährigen Durchschnitt der letzten Jahre

waren es am Niederjoch ca. 1900 bis 2000 Tiere gegenüber ca. 1600 am Hochjoch.

Das Hochjoch erweist sich als weniger gefährlich und leichter gehbar, auch bei Schneefall und Sturm. Insofern ist es privilegiert für die Schafe, die auf dem langen Umweg über das Taschljöchl aus dem Vinschgau kommen. Sowohl beim Auftrieb Mitte Juni als auch beim Abtrieb Mitte September finden nur sehr wenig interessierte Zuschauer den Weg zum Hochjoch und der Schutzhütte „Schöne Aussicht / Bella Vista", im Vergleich zum manchmal dichten Gedränge auf der Similaunhütte und dem Schaftrieb über das Niederjoch.

Ähnlich wie beim Niederjoch wird auch der Hochjochferner im September, wenn die Ausape-

Rast bei der Schutzhütte „Schöne Aussicht / Bella Vista" am Hochjoch. Im Vordergrund ein neugeborenes Lamm © H. Haid

rung sehr weit fortgeschritten ist, von den Schafen nur auf einem kurzen Stück oder gar nicht mehr betreten. Anders ist es im Juni.
Im September des Jahres 2006 hatte sich etwas ereignet, was für viele traditionelle Schaftriebfreunde beinahe ein Sakrileg darstellte: Über die neuen Auffahrtsrampen sind erstmals Geländefahrzeuge bis zum Schutzhaus „Schöne Aussicht / Bella Vista" hinaufgefahren. Die breite Auffahrt ist bis aufs Joch „wintertauglich", also mit Pistengeräten befahrbar. Die erschreckende Erschließungsmaschinerie der Tourismusindustrie macht auch vor den Schaftrieben nicht Halt. So können die Schafe von Kurzras Mitte Juni zumindest teilweise auf der präparierten Abfahrtspiste aufs Joch hinaufziehen und von dort weg (wie ich 2005 miterleben konnte) auf einer teilweise für die Skifahrer präparierten Schneise weite Teile des Hochjochferners mühelos begehen. Ob wir diese Entwicklung akzeptieren können oder müssen? Sicher wird es fallweise sinnvoll sein, wenn sich Touristiker mit Pisten-„Pflege"-Geräten den Schaftreibern hilfreich zur Seite stellen; in Situationen von Gefahr, von Schneesturm und Schlechtwettereinbruch etwa. Und die alte Romantik, die es bei aller Mühe auch gab? Ist sie dahin und vergeudet, dem touristischen Landschaftsfraß geopfert?

Weitere Übergänge

Außer den großen Schafwegen über den Alpenhauptkamm sind noch einige wichtige Wege der Schafe zu nennen, die teilweise über Jöcher und Pässe führen.
Regelmäßig und jährlich wird von über 2000 Schafen das 2767 Meter hohe TASCHLJÖCHL überschritten. Die Schafe, die in der Hauptsache aus Laas und Kortsch und von einigen Bauernhöfen am Sonnenberg, aber auch aus Schlanders, Göflan usw. kommen, ziehen durch das SCHLANDRAUNTAL und übernachten auf der Kortscher Alm (2004 m). Der Abstieg vom Joch erfolgt mit einem Teil der Schafe direkt nach Vernagt, wo genächtigt wird, und dann weiter über das Niederjoch ins Niedertal. Der andere Teil steigt vom Taschljöchl ins LAGAUNTAL ab und zieht weiter, vorbei am Wieshof, bis Kurzras. Dort wird genächtigt. Am nächsten Tag geht es über das Hochjoch und ins Rofental.
Der Weg vom Schnalstal durch das Pfossental, weiter nach Pfelders und dann auf den SCHNEEBERG, ist in mehreren historischen Dokumenten bestätigt. Zur Versorgung der in besten Zeiten

Teile des Hochjochferners bis hinauf zur Grawand sind für den Gletscher-Skilauf erschlossen. © H. HAID

Blick über die Täler hinweg: Auf der anderen Seite des Vinschgaus öffnet sich das Laas-Tal zu den Schafweiden und Dreitausendern der Ortlergruppe. © H. WIELANDER

mehr als 1000 Knappen im Bergwerk auf dem Schneeberg (es war lange Zeit das höchstgelegene Bergwerk Europas) wurden Schnalser Schafe dorthin getrieben.

Es wird von weiteren Wegen berichtet, auf denen die Schafe geführt wurden. Aus den Talorten Goldrain, Latsch und Kastelbell, aber auch von den Berghöfen des Sonnenberges zogen Schafe über St. Martin am Kofel (1740 m) hinauf zur Schäferhütte knapp neben dem Niederjöchl (2662 m), von dort zur Penauder Alm, vorbei am verfallenen Penaudhof (1789 m) und knapp hinter Karthaus ins Schnalstal hinunter und weiter nach Vernagt und hinauf ins Tisental.

Im Ötztal sind weit außerhalb von Vent, Gurgl, dem Timmelsjoch und dem Windachtal (mit dem Windacher Schartl) noch alte Schnalser Schaftriebwege bekannt. Einer davon führte bis hinaus nach Huben. Von dort zogen die Schafe über das BREITLEHNJÖCHL (2639 m) auf die bereits im Pitztal gelegene Hundsbachalm.

Mehrfach ist in der Literatur erwähnt, dass die

Stundenlang stapfen die Schafe beim Schaftrieb im Juni vom Hochjoch weg noch im Schnee, bis knapp hinter die Rofenhöfe, wo es das erste Grün gibt. © H. HAID

Schnalser Schafe in offenbar großer Menge durch das Ötztal hinausgetrieben wurden, auf dem Markt zu Ötz gehandelt und dort verkauft wurden, vor allem nach Bayern.

SCHNEE- UND LAWINENBRÜCKEN

Eine weitere alpenweite Besonderheit bei der Begehung der vorgestellten Schafwege sind die sogenannten Schnee- und Lawinenbrücken, also Lawinen- und Altschneereste, die das Überqueren von Bachbetten oder Gräben ermöglichen. Sie werden seit jeher als Uferverbindungen genutzt. Im Niedertal und im Rofental gibt es mehrere davon. Eine dieser Brücken befindet sich knapp hinter der Niedertaler Schäferhütte und führt über die Spiegelache. In besonders heißen Sommern ist der Lawinenschnee aber völlig abgeschmolzen. Das wird aus den Jahren 1911, 1921 und 1925 berichtet – und wieder aus den Jahren nach 2003 und 2004. Dann müssen die Schnalser mühsam entweder eine Ersatz-Holzbrücke bauen oder weite Umwege in Kauf nehmen. Besonders kräftig hingegen waren diese Brücken in den Jahren 1934, 1935, 1936 und 1937. Ähnlich verhält es sich im ROFENTAL. Auch dort werden bis in die Gegenwart die relativ sicheren und beständigen Schnee- bzw. Lawinenbrücken benutzt (siehe Abb. Seite 57–60).

Eine dieser mitunter trügerischen Brücken wurde im Sommer 2006 dem Rofenberger Schäfer Willi Gurschler beinahe zum Verhängnis. Er brach ein, stürzte und zog sich dabei erhebliche Verletzungen zu. Nur mit allergrößter Mühe und Plagerei konnte er Mitte September den Schaftrieb über „seinen" Rofenberg bis nach Kurzras wenigstens teilweise begleiten.

URALTE STEINSETZUNGEN

Nach den Schnee- und Lawinenbrücken sind auch die sehr alten Steinpyramiden eine Beson-

Aufgefädelt in einem kilometerlangen Zug geht es oft sehr beschwerlich durch den Neuschnee, wie hier am Kreuzberg.
© H. HAID

derheit. Erstmals beschrieben wurden sie in dem 1773 in Wien und Frankfurt erschienenen Buch „Nachrichten von den Eisbergen in Tyrol" des Joseph Walcher, „der Mechanik öffentlicher Lehrer an der Universität zu Wien", welcher zur Feststellung verschiedener Schäden, die durch die ausgebrochenen Fernerseen zu Gurgl und Vernagt sowie durch den neuerlichen Ausbruch des Wildsees im Passeiertal zu beklagen waren, zum Ort der Geschehen geschickt wurde und für die Regierung ein Gutachten verfassen musste. In diesem Buch befinden sich auch mehrere Kupfertafeln und Vignetten. Auf den Tafeln III (Rofner Eissee) und IV (Eisdamm und Rofental) sind mit dem Buchstaben „P" offensichtlich wichtige Steinsetzungen eingezeichnet, einmal (auf Tafel III) stehen zwei hintereinander direkt auf dem Weg. Walcher erklärt diese Eintragungen so: *„P = Von Steinen aufgerichtete Pyramiden, welche den Viehhirten bey gefallnem großen Schnee für einen Wegweiser dienen"*.

Auf der Tafel IV sind drei Steinsetzungen eingezeichnet, wieder mit „P" und zusätzlich der Anmerkung *„die steinernen Pyramiden"* versehen. Es handelt sich hier um die Lokalität „auf Plattei".

Bei der Tafel IV ist noch bemerkenswert, dass knapp vor den Steinpyramiden eine Holzhütte zu sehen ist, die mit „T" gekennzeichnet ist. Walcher vermerkt dazu: *„Hütte, wo das auf den Jöchern zusammengebrachte Gras aufbehalten wird."* Entweder handelt es sich dabei um eine Hütte, in der das Heu, welches im Winter zu Tal gebracht wird, aufbewahrt wurde, oder es ging darum, dort gewonnene Heuvorräte für den Fall von Neuschnee zur vorübergehenden Fütterung der Schafe und Ziegen aufzubewahren.

Die Flur Platteiberg befindet sich unterhalb der neolithischen Fundstelle BRUNNBODEN IM VENTER TAL auf 2640 Meter Höhe, wo Weidenutzung seit 6250 bis 6350 Jahren nachgewiesen werden konnte. Dort befand sich auf einer Höhe von 2392 Metern eine ehemalige Schäferhütte, die in der Kompass-Karte Nr. 43 „Ötztaler Alpen" 1 : 50.000 als „verf.", also als verfallen eingetragen ist. Hinter dem Vernagtbach ist in derselben Karte die Flur „Schafleger" eingetragen. In der aktuellen Karte des Alpenvereins, Blatt „Wildspitze" im Maßstab 1 : 25.000 ist die „Schäferhütte" ohne Höhenangabe eingetragen und auch der Brunnboden.

In Joseph Walchers Buch „Nachrichten von den Eisbergen in Tyrol" aus dem Jahr 1773 befindet sich diese berühmte Vignette des Vernagtferners. Erkennbar sind die beiden mit „P" bezeichneten Steinpyramiden rechts im Bild. Solche Steinsetzungen dienten den Hirten als Wegweiser. © ÖTZTAL-ARCHIV

Seite 57–60:
Ungefähr 300 bis 400 Schafe werden über eine der bestehenden Schnee- und Lawinenbrücken mühsam und nicht ungefährlich auf die andere Talseite gebracht.
© H. Haid

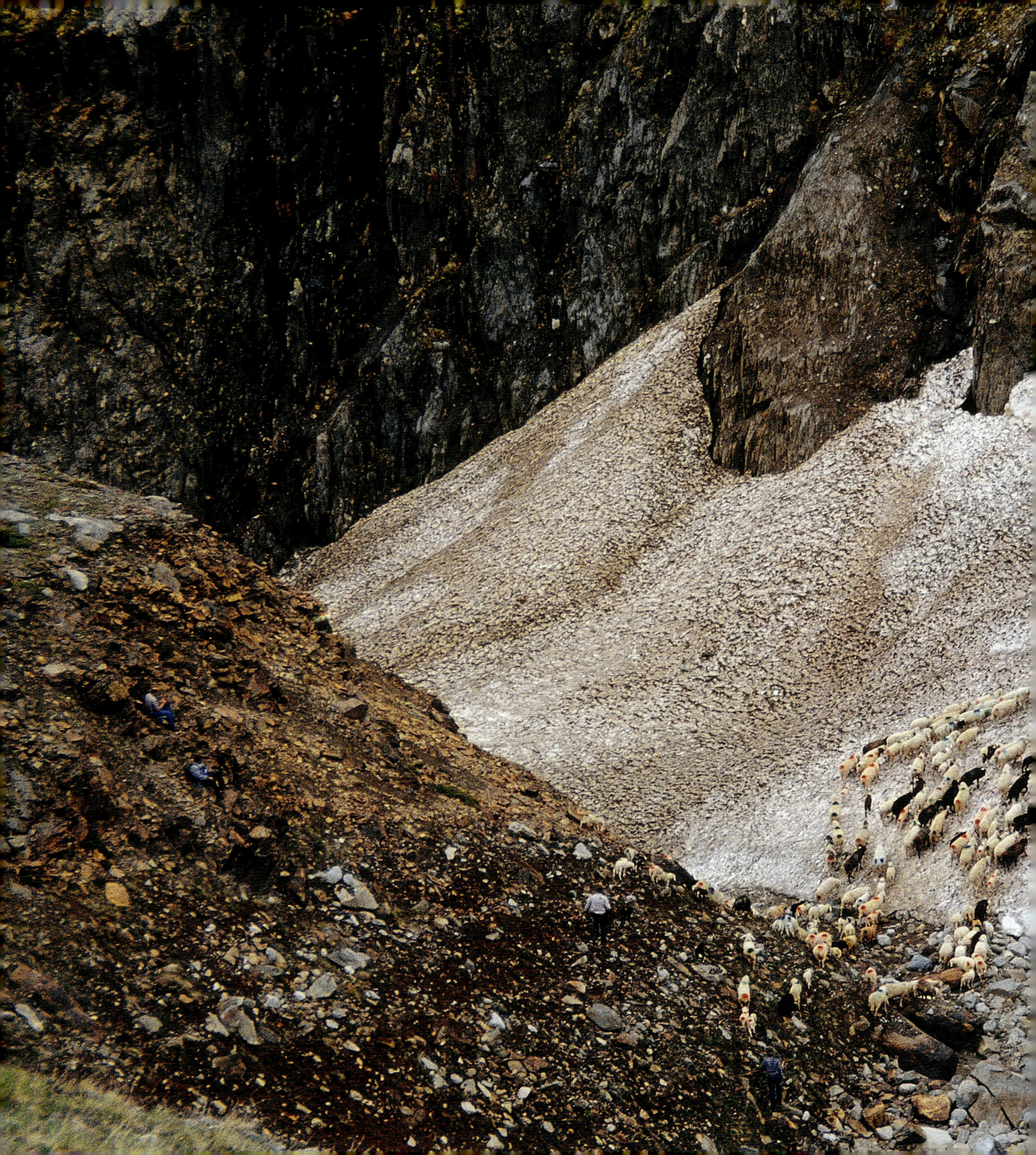

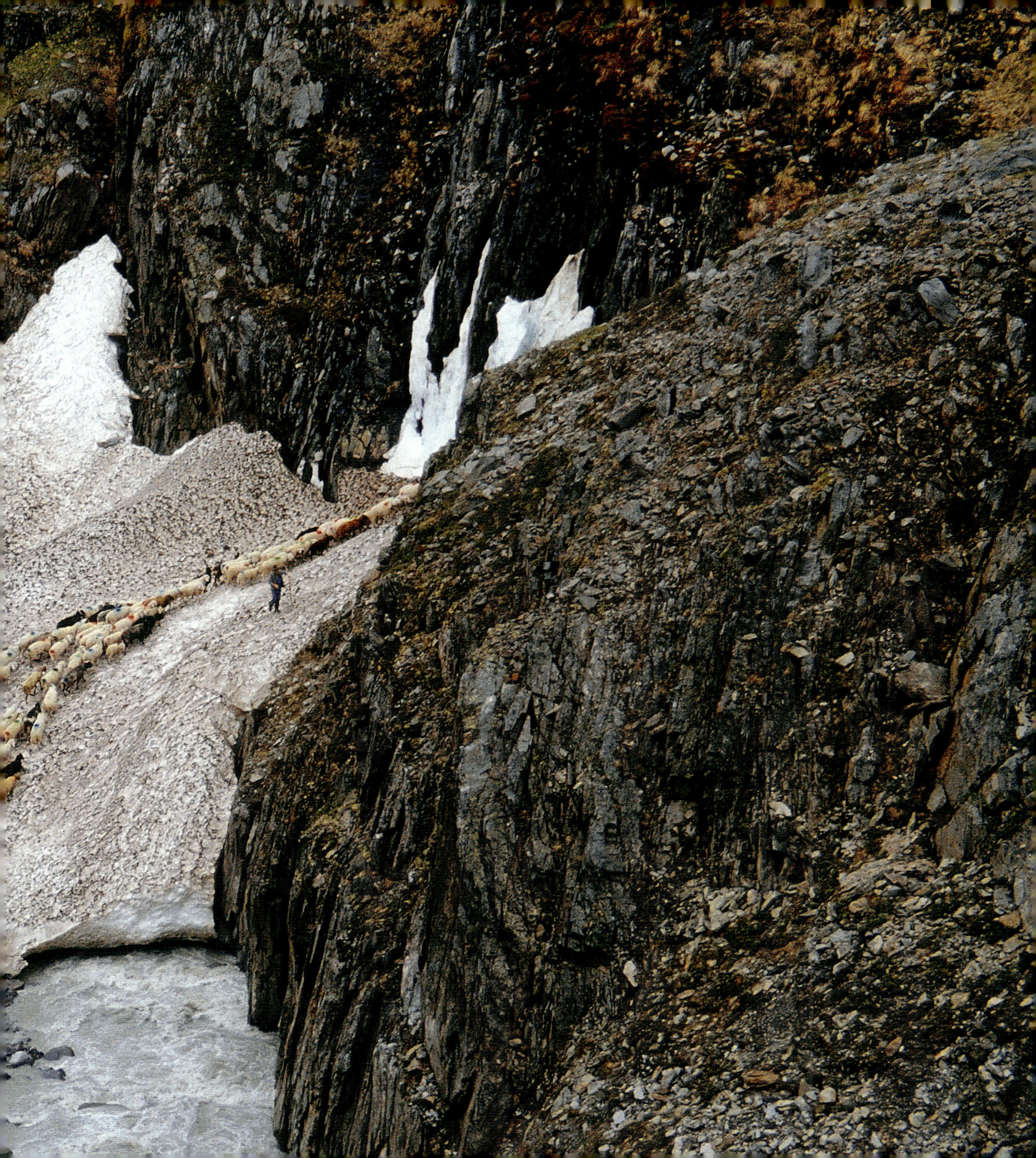

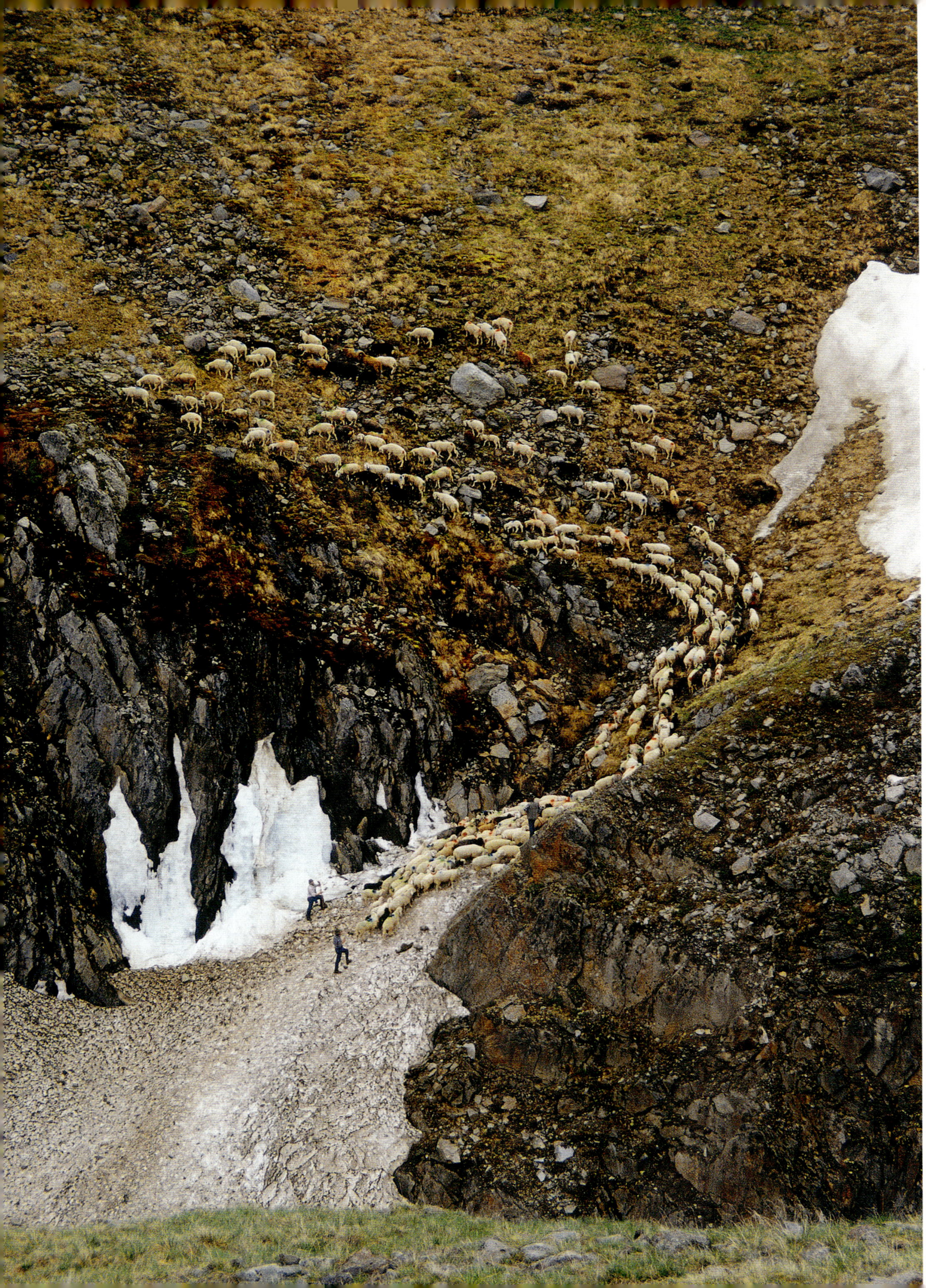

WOHER DIE MEHR ALS 5000 SCHAFE KOMMEN UND WO SIE WEIDEN

In keiner Gemeinde Österreichs weiden im Sommer so viele Schafe – etwa 10.000 Tiere! – wie in SÖLDEN. Und es wird auch keine Gemeinde in den ganzen Alpen geben, die mit Sölden verglichen werden kann. Sölden verfügt über eine Fläche von 466 km^2 und gilt damit offiziell als größte Landgemeinde Österreichs; größer ist nur Wien als Gemeinde. Damit ist Sölden sogar die größte Landgemeinde der gesamten Alpen. Der bekannte Alpen-Forscher Werner Bätzing verweist in seinen alpenweiten Gemeinde-Statistiken mehrmals auf diesen „Rekord" von Sölden. Mit etwas über 15.000 Gästebetten bei etwa 3500 Einwohnern und mehr als zwei Millionen Nächtigungen ist Sölden neben Wien die zweitgrößte Winter-Tourismus-Destination Österreichs. Von den insgesamt auf Söldener Gemeindegebiet weidenden Schafen – nach dem Stand der Jahre 2006 und 2007 sowie der Jahre vorher sind es 10.000 Stück – kommen ungefähr 5000 bis 5500 aus Südtirol, das sind 50 bis 55 %. Die anderen Schafe kommen überwiegend aus dem Ötztal mit geschätzten 4200 Stück. Der verbleibende Rest stammt unter anderem aus Telfs und aus dem Unterinntal, aus St. Johann und Umgebung. Von Jahr zu Jahr schwanken die Zahlen. Die Angaben durch Hirten und Schafbauern weichen mitunter erheblich voneinander ab. Es hat sich bisher niemand die Mühe gemacht, genau zu dokumentieren. Ich will einen ersten Versuch wagen. Erste Voraussetzung dafür, dass so viele Schafe aus Südtirol zur „Sommerfrische" nach Sölden kommen, sind die Besitzverhältnisse – Schnalser Bauern stehen im Besitz der Schafweiden im Niedertal und im Rofental – und zweitens die alten Rechte und deren „Gebrauch".

DIE AGRARGEMEINSCHAFT ROFENBERG

Derzeit sind es acht Bauern, denen große Weiden im ROFENTAL gehören. Es sind die Parzellen 6871, 6882, 6883, 6888 und 6889 im Gesamtausmaß von 745 Hektar. Die Flächen reichen auf der rechten Talseite taleinwärts vom Vernagtbach bis zum Hochjoch, einschließlich eines schmalen, nur einige Meter breiten und bis zum Joch reichenden Streifens. Die Bauern sind in der AGRARGEMEINSCHAFT ROFENBERG zusammengeschlossen. Obmann ist derzeit Anton Raffeiner, der Bauer vom Pifrailhof im Schnalstal. Zusätzlich weiden die von Südtirol hergetriebenen Schafe nach altem Recht und Übereinkommen zum Teil auf Gründen, die der Sektion Berlin des Deutschen Alpenvereins gehören. Das sind

Auf der Rofenbergalm wurde ein Schaf geschlachtet, die abgezogene Haut – als eine Art Totem? – auf die Stange gehängt.
© H. Haid

zusammen ca. 470 Hektar, teilweise auf der linken Talseite „am Kreuzberg" zwischen Zwerchwand und dem alten (inzwischen verfallenen und nur mehr als Ruine erkennbaren) Hochjochhospiz. Weiters weiden die Südtiroler Schafe auf großen Flächen, die im Besitz der Österreichischen Bundesforste stehen. Es gibt dazu und darüber keinen Vertrag oder eine Schätzung über die genutzten Flächen. Diese reichen in den vergangenen warmen Sommern bis gegen 3200 Meter Höhe hinauf, bis in unmittelbare Nähe des Tisenjochs.

In früheren Jahren haben die Schnalser weitere Weidegründe talauswärts Richtung Vent und Sölden, ja bis Längenfeld hinaus, gepachtet und genutzt. Umgekehrt haben seit einigen Jahren Bauern aus Längenfeld Weiden gepachtet, die auf der rechten Talseite von Rofen bis zum Vernagtbach reichen. Weiters nutzen die Schnalser auch noch Weiden, die im Besitz der Agrargemeinschaft Vent und der Rofner Bauern stehen und sich taleinwärts auf der linken Seite befinden. Die Betreuung der Schafweiden hat derzeit Willi Gurschler übernommen, der sich eigenverantwortlich um Weiterverpachtung, Nutzung, Abrechnung etc. kümmern muss.

Es ist nicht geklärt, wie die derzeit acht Schnalser Bauern zum Besitz der Weiden im Rofental und bis zum Hochjoch hinauf gekommen sind. In der Weideregulierung von 1928 findet sich der Hinweis auf den „Erwerb" unter anderem laut einem Kaufvertrag aus dem Jahre 1750.

DIE ALP-INTERESSENTSCHAFT NIEDERTAL

Derzeit stehen 20 Bauern aus dem Schnalstal im Alleinbesitz der Weiden in den Parzellen 6891, 6893, 6895, 6897, 6899 und 6902 auf der linken

Kapelle oberhalb der Schäferhütte auf der Gurgler Alm © H. HAID

Die Schäferhütte im Niedertal mit Huhn und Similaun © H. Haid

Talseite des Niedertales ab dem Hohlen Stein und auf der rechten Talseite ab dem Diembach bis knapp hinter die Samoarhütte (jetzt Martin-Busch-Hütte) und ein Stück hineinreichend „Hinterm Schalf" und „Am Mutmal". Die Gesamtfläche beträgt 2176 Hektar. Die Weideflächen reichen nicht bis zum Niederjoch.

Die direkt von der Venter Brücke bis zum Hohlen Stein reichenden Weideflächen besitzen die 20 Schnalser Bauern nur zu 50 %. Die anderen 50 % stehen im Besitz der Venter Bauern. Es besteht also gemeinsamer Besitz, und zwar auf einer Fläche von ca. 130 Hektar. Es ist dies die Agrargemeinschaft Alp-Interessentschaft Niedertal. Obmann der 20 Bauern umfassenden Gemeinschaft ist derzeit Sepp Götsch vom Gurschlhof im Schnalstal.

Die Schnalser verfügen also im hinteren Ötztal über den Besitz von rund 3000 Hektar Grund und zählen somit zu den größten privaten Grundbesitzern im hintersten Ötztal, Raum Vent und Rofen. Weiters nutzen die Schnalser nach altem Übereinkommen große Flächen, die sich im Besitz der Österreichischen Bundesforste befinden, einschließlich des Zuganges zum Niederjoch. Auch dazu ist eine Vereinbarung einschließlich einer Schätzung zu erwarten.

Teilweise nutzen die Schnalser auch Weideflächen, die sich am Spiegelberg zwischen der Spiegelache und dem Diembach befinden und den Venter Bauern gehören.

Die Besitzer hatten bis einschließlich 2006 den Schäfer Fortunat Gurschler aus dem Schnalstal angestellt. Dann hat der bewährte Hirt Fortunat die Gelegenheit genutzt und den Saxalberhof hoch über dem Schnalstal übernommen. Bis ein neuer ständiger Schäfer gefunden wird, wird es wohl noch eine Weile dauern.

DIE AGRARGEMEINSCHAFT ANGERERALPE

Die Agrargemeinschaft Angereralpe oberhalb von Untergurgl und Angern steht im Besitz einiger Bauern von Gurgl und wird derzeit von dem aus St. Martin im Passeiertal stammenden Toni „Tonl" Pichler auf eigene Rechnung und Gefahr für die Schafbeweidung genutzt bzw. gepachtet. Die Agrargemeinschaft umfasst insgesamt eine Fläche von ca. 1385 Hektar und wird derzeit von ca. 600 bis 800 Schafen beweidet, von denen etwa 400 bis 600 aus Südtirol stammen.

In den Schäferhütten am Rofenberg (oben und unten) und im Niedertal (Mitte) – Schutz für Schäfer, Salzsäcke und neugeborene Lämmer © H. HAID

Bis vor einigen Jahren haben die Südtiroler auch Weiden im WINDACHTAL sowie im TIMMELSTAL gepachtet, die sich alle im Besitz von Bauern in Sölden und in Zwieselstein befinden. Die Weiden im Timmelstal sind heute an Schafbauern aus Längenfeld verpachtet. Die Weiden im Windachtal werden jetzt von den Söldener Bauern selbst genutzt.

GROSSE GURGLER ALM MIT ROTMOOS- UND KIPPELE-ALM

Die Große Gurgler Alm, Rotmoos- und Kippele-Alm stehen zur Gänze im Besitz von Gurgler Bauern und umfassen eine Fläche von ca. 1965 Hektar. Diese Flächen hat der in Pfelders im Passeiertal wohnhafte Alfons Gufler auf eigene Gefahr und Verantwortung gepachtet. Soweit die Urkunden bisher ausgewertet wurden, werden diese Almen zumindest seit dem 17. Jahrhundert als Schafweiden gepachtet; bis 1963 von Schnalser sowie von Vinschgauer Bauern. Dann entstand eine längere Pause. Zwischen 1963 und 1983 haben nur sporadisch Schafe von verschiedenen Bauern hier geweidet, in einigen Jahren waren hier fast keine Schafe. Seit 1983 gibt es durch Alfons Gufler wieder eine geregelte Beweidung. Die beiden Schäfer Tonl Pichler und Alfons Gufler weiden darüber hinaus die Schafe teilweise auf Flächen, die sich im Besitz der Österreichischen Bundesforste befinden.

HERKUNFT DER SCHAFE

Sehr vielfältig ist die Herkunft der Schafe, die ins hintere Ötztal kommen. Sehr überraschend ist, dass die insgesamt ca. 5000 bis 5500 Schafe, die derzeit aus Südtirol herüberkommen, nur zu einem geringen Prozentsatz aus dem angrenzenden SCHNALSTAL und aus dem ebenfalls direkt angrenzenden PASSEIERTAL herübergetrieben werden. Derzeit sind es von den mehr als 1500 Schafen, die über das TIMMELSJOCH kommen, nur etwa 300 bis 350 aus dem Passeiertal, davon allein fast 100 von Alfons Gufler selbst.

Alfons Gufler bringt mit den Schafen auch seine ZIEGEN mit. Es ist überhaupt eine vernachlässigte Tatsache, dass mit den Schafen auch fast immer Ziegen mitgeführt werden, die dann als, wie es heißt, „intelligente" Wesen mitunter beim Schaftrieb „mithelfen" müssen. Im September 2006 habe ich selbst erlebt, wie Alfons Gufler in einer schwierigen Situation seine Ziegen ganz vorne in der Herde postiert hat, gleichsam als eine Art Schutzschild gegen die dröhnenden Maschinen der Bagger und Raupen neben der Schönwieshütte. Sie sind auf Befehl strammgestanden, seine Ziegen, und dahinter haben die Schafe gehorsam und geduldig gewartet.

Von den etwa 2000 Schafen, die übers NIEDERJOCH getrieben werden, gehören derzeit etwa 450 Schnalser Bauern. Von den etwa 1600 Schafen, die über das HOCHJOCH getrieben werden, gehören derzeit nur knapp über 100 Tiere Schnalser Bauern. Bemerkenswert dabei ist auch, dass es sich zum Beispiel bei den Schnalsern, die Schafe ins Ötztal treiben, eher um kleine Nebenerwerbsbauern handelt. Dies deswegen, weil die großen Bauernhöfe, die auch Besitzer der Weiden im Ötztal sind, zum Teil selbst große Weiden im Schnalstal besitzen.

Woher kommt dann die Hauptzahl der Südtiroler Schafe? Beim bis zum Jahre 1963 erfolgten Schaftrieb über das GURGLER EISJOCH kamen die

Der Gmahrhof (1682 m) auf dem Sonnenberg © H. Haid

Schafe nur zum geringeren Teil aus dem Schnalstal, beispielsweise vom Gurschlhof, hauptsächlich aber aus dem Ultental und aus verschiedenen Orten im Vinschgau und dem übrigen Südtirol. Für die Schaftriebe über das TIMMELSJOCH beziehen die beiden verantwortlichen Schäfer und „Unternehmer" ihre Schafe aus vielen Orten und Gemeinden Südtirols, vor allem aus dem Bozner Unterland, auch aus Lana, Tisens, aus Mölten und Jenesien.

Die genaue Anzahl der aus Südtirol kommenden und über das Timmelsjoch getriebenen Schafe müsste erst erhoben werden. Die Zahlen lassen sich im Nachhinein überaus schwer oder gar nicht mehr feststellen. Es gab zeitweise auch große Mühsal und Behinderung beim Schaftrieb über das Timmelsjoch. So weiß Jakob Prantl aus Zwieselstein, Obmann auch der 1161 Hektar umfassenden Timmelstalalpe, zu berichten, dass italienische Zöllner immer wieder sehr rigid und scharf vorgegangen sind und den Weitertrieb vom Timmelstal nach Zwieselstein bzw. ins Windachtal nicht erlaubt haben, sodass der Zug der mehr als 1000 Schafe sehr mühsam aufgehalten werden musste und die Schafe längere Zeit nichts zu fressen hatten, weil sie bereits alles abgeweidet hatten, wodurch es auch Schäden gab.

Für die beiden Schaftriebe über HOCHJOCH UND NIEDERJOCH kommt die weitaus überwiegende Zahl aus Laas, Kortsch, Göflan und vom Sonnenberg. Es kommen aber auch Schafe aus Trafoi,

Wie viele Schafe wurden in welchen Jahren insgesamt über die Jöcher getrieben?						
Hochjoch						
1926	1930	1940	1950	1960	1969	2005 (2006)
990	1420	1640	1416	1576	1194	ca. 1600
Niederjoch						
1926	1930	1940	1950	1960	1969	2005 (2006)
2740	2622	3525	2261	1918	2536	ca. 2000
Gurgler Eisjoch						
1926	1930	1940	1950	1960	1961 (letzte bekannte Zahl)	
640	700	1153	542	947	ca. 700	

aus Stilfs und Glurns sowie aus anderen Orten Südtirols. Dazu einige Zahlen zum Vergleich: Aus dem Schnalstal kamen 1935 noch 30 %. 1970 waren es nur mehr ca. 15 %. Im Jahre 2005 waren es mit zusammen 550 Tieren auch noch ca. 15 %. Aus Naturns kamen 1935 13 % und 1970 19 %. Aus Laas und Kortsch kamen 1935 „nur" 5 %. 1970 waren es 15 %. Im Jahre 2005 kamen aber ca. 480 aus Laas und ebenfalls fast 500 aus Kortsch. Das war also eine erhebliche Zunahme auf zusammen fast 35 %. Ziemlich stabil blieb die Zahl der Schafe, die vom Sonnenberg ins Ötztal wandern. Im Jahre 2005 dürften es ca. 300 gewesen sein. Für die Bauern vom Sonnenberg besteht der relativ günstige Zugang direkt von den Höfen durch das Schlandrauntal, weiter über das Taschljöchl und hinunter nach Vernagt bzw. nach Kurzras. Die Schafe kommen derzeit vom Gsalhof, vom Außereggenhof, vom Innereggenhof, vom Waldentalhof, vom Forrahof und vom Gmahrhof. Auf die Weiden im Niedertal und Rofental kommen aber auch andere Schafe aus Südtirol, sogar solche aus Mölten.

Es fällt auf, dass sich in den Kriegsjahren die Zahl der Schafe dramatisch erhöht hat. Es bestand damals auch die Gefahr der ÜBERWEIDUNG. Beim Hochjoch ist in der Gegenwart wieder annähernd der Stand von 1940 erreicht. In diesem Jahr 1940 wurden über Eisjoch, Hochjoch und Niederjoch zusammen ca. 6300 Schafe getrieben.

Es ist bekannt und mehrfach erwähnt, dass bis etwa 1900 auch RINDER über das Hochjoch und das Niederjoch getrieben wurden. Ebenfalls ist zumeist aus mündlicher Überlieferung bekannt, dass über das Windacher Schartl, über Königsjoch, Verwalljoch und Rotmoosjoch um 1944 Rinder nach Südtirol geschmuggelt wurden, vielfach unter Lebensgefahr, da die Rinder teilweise sogar abgeseilt werden mussten. Weitgehend in Vergessenheit geraten ist die Tatsache, dass der Schaftrieb von Südtirol her, vor allem vom Vinschgau, vom Sonnenberg und aus dem Schnalstal über die Jöcher ins Ötztal nur der Rest einer alten, viel weitreichenderen TRANSHUMANZ ist. Es ist historisch erwiesen, dass in früheren Jahrhunderten Schafe aus der Poebene, wo sie den Winter zugebracht hatten, im Laufe des Frühjahrs bis über die Gletscher ins Ötztal gezogen sind und ab ungefähr Mitte September wieder zurück. Diesen ZUG DER SCHAFE hat der

Kulturforscher Domenico Nisi aus Verona nachzuweisen und nachzufolgen versucht, wie er mehrfach mündlich berichtet hat. Über den Monte Baldo sind alte Wegspuren erkennbar. Ich schließe nicht aus, dass in diesen früheren Jahrhunderten auch intensiver Austausch mit den Bergamasker Alpen gepflegt wurde.

Ruhegebiet Ötztaler Alpen

Mit Ausnahme eines Teiles der Angereralpe befinden sich sämtliche Weideflächen der Schafe in einem Gebiet, das seit 1981 als erste Fläche Tirols vom Land Tirol als Ruhegebiet deklariert worden ist. Die Fläche von insgesamt 394 km² dieses Ruhegebietes Ötztaler Alpen wurde vom Land Tirol im Jahre 1995 als europäisches Schutzgebiet NATURA 2000 nach Brüssel gemeldet. Im Jahre 2004 wurde der Verein „Naturpark Ötztal" gegründet, zwei Jahre später erfolgte dann die Anerkennung des Naturparks für den Bereich der Gemeinde Sölden.

Ein Teil der Weideflächen im Bereich Gurgl mit 1500 Hektar ist im Jahre 1977 mit dem Ehrentitel „UNESCO – Biosphärenpark Gurgler Kamm" ausgezeichnet worden. Landwirtschaftliche Nutzung, auch und speziell durch Beweidung, ist ausdrücklich erlaubt, denn die 5000 bis 5500 Südtiroler Schafe pflegen im besten Sinne eine alte, eine sehr alte Kulturlandschaft.

Eines der zahlreichen „Steinmandln" auf dem Weg zum Hochjoch. Diese Steinsetzungen werden jährlich neu aufgesetzt oder ausgebessert. © Th. Defner

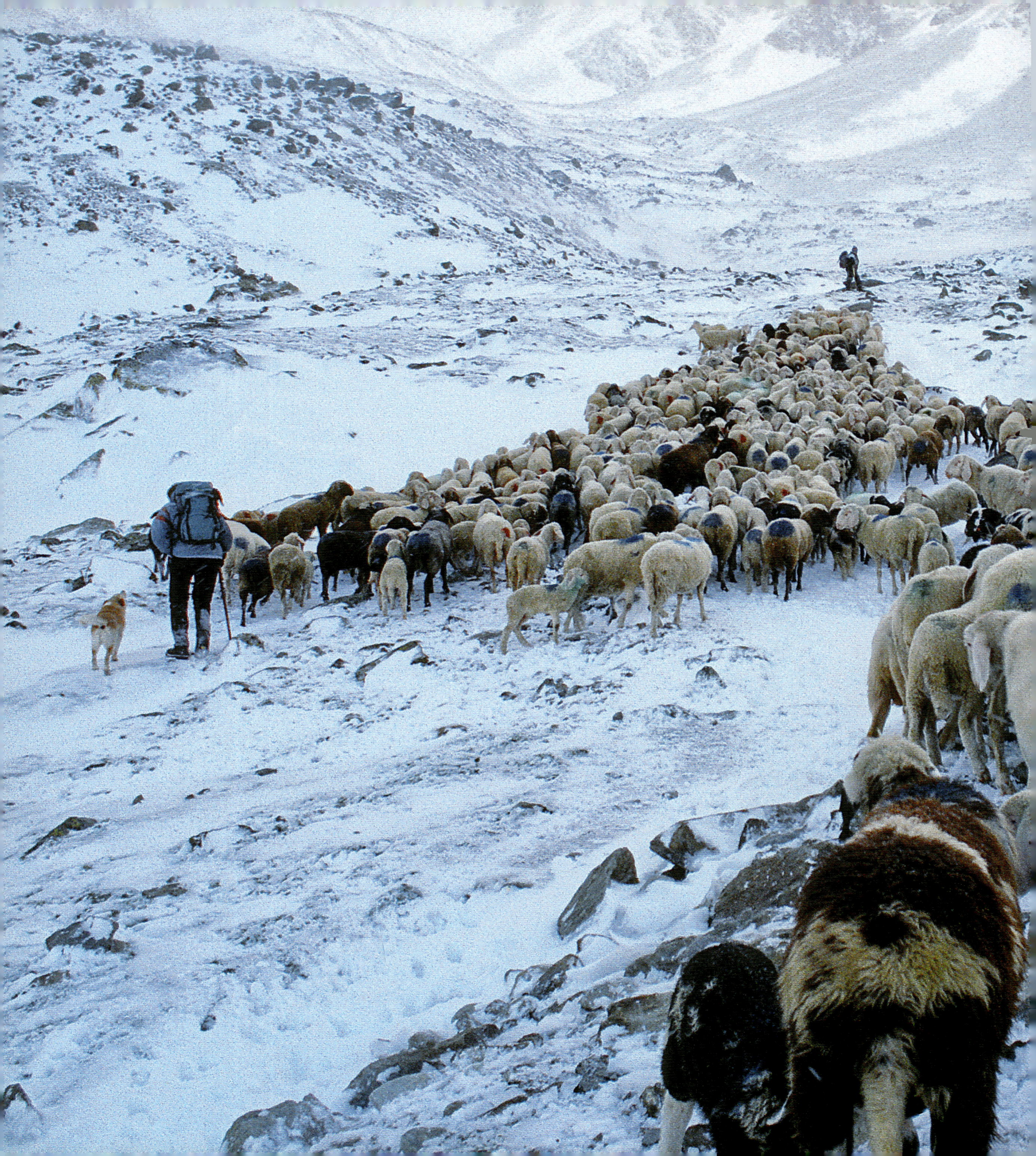

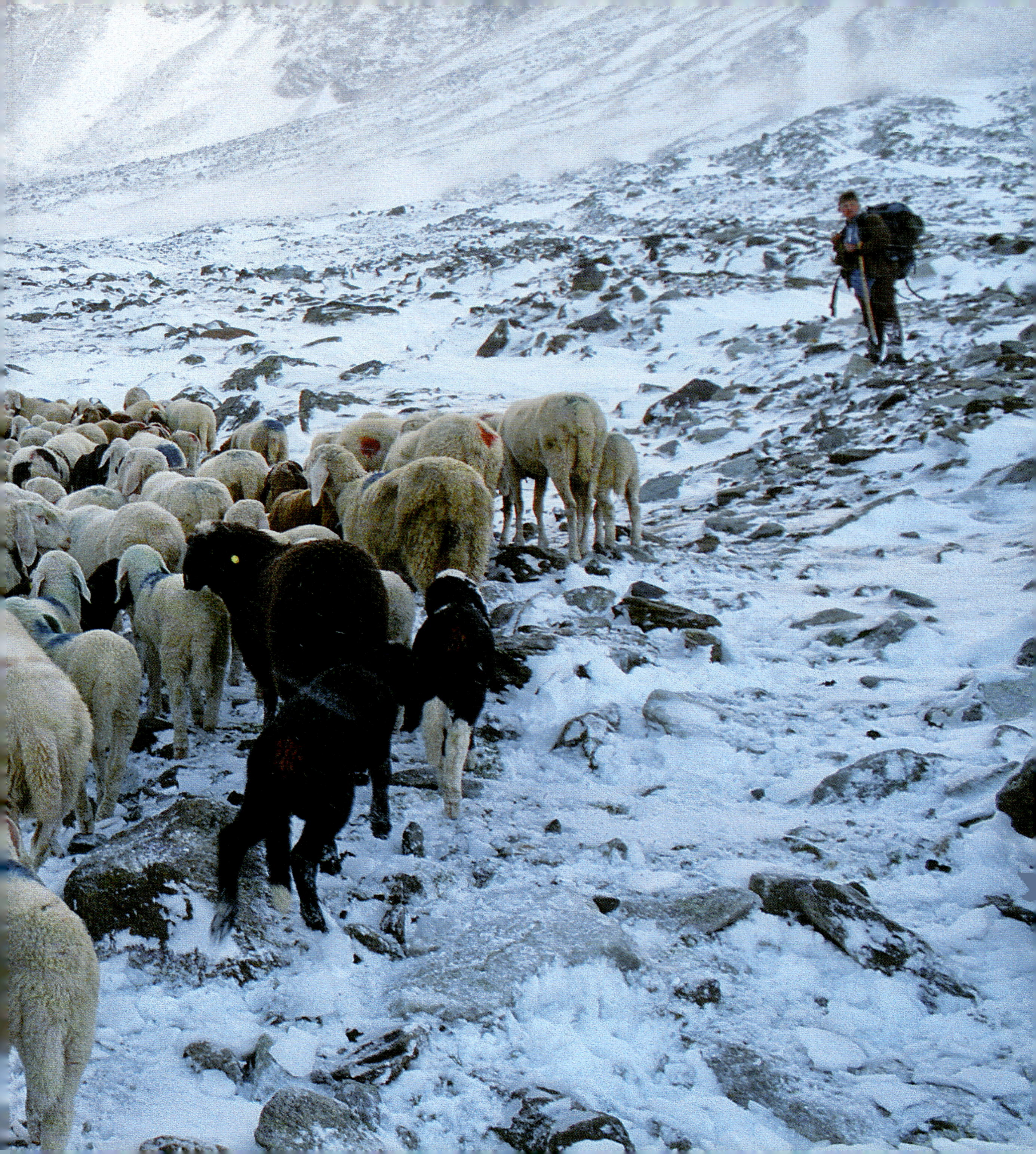

Seite 70/71:
Der überaus beschwerliche Weg über das 3017 Meter hohe Niederjoch. Nicht auszudenken, wenn auch noch ein Schneesturm einsetzen würde. © M. Gambicorti

„MANDR MANDR HUSCH HUSCH" – SAGE UND CHRONIK BERICHTEN VON SCHRECKEN, GEFAHREN UND TOD

Durch schriftliche Nachrichten bestätigt ist eine größere Katastrophe aus dem Jahre 1844: *„Hirte mit 200 Schafen in Schneesturm erfroren"*. Franz Fliris *„Naturchronik von Tirol"* (Innsbruck 1998) verzeichnet dies unter dem Stichwort Obergurgl.

Näheres dazu erfahren wir in der CHRONIK VON GURGL, insbesondere *„Aus dem Tagebuch der Kurazie und Gemeinde in Gurgl von Adolf Trientl"*.

Dort heißt es: *„Am 19ten Juni 1844 erfror Franz Scheiber am großen Ferner hinten am ‚Kippele'. Derselbe hatte in Schnalls Lämmer gekauft und war um die Zeit, wo der große Schaftrieb in die Alpe herüber gehen sollte, hinüber gegangen um dieselben abzuholen und behülflich zu sein. Im Eishof, welcher zuhinterst im Pfossenthale liegt, bekam er nichts zu essen und war wohl genöthiget, auf die Schafe in der Nacht Acht zu geben. Der Eishof gehört einem gewissen Herrn Pitsch wohlbekannt in Mals und Meran. Gedachter Herr Pitsch hatte einen Prozeß gegen die Gurgler verloren, die Durchfahrt der Schafe durch den Eishof betreffend, und war also denselben, wie man sagt nicht hold; ja, es soll sogar, ich weiß zwar nicht ob auf sein Geheiß, wie einige wissen wollen, im Eishof völlige Ungastfreundlichkeit gegen durchpassierende Gurgler eine Zeit lang geherrscht haben, was im Angesicht der Ortsverhältnisse gewiß als eine Barbarei bezeichnet werden müsste. Am folgenden Tag, wo der ganze Zug auf den Ferner kam, trat ein für diese Zeit ganz ungewöhnlicher Schneesturm ein, welcher vielen Schnee mit sich brachte und ungemein kalt war. Man gelangte gegen Abend vorne am Ferner an; die meisten Treiber waren zurück gegangen, und hatten wohl zurück gehen müssen um das Leben zu retten; der Sturm ließ nichts mehr erkennen, zwei Hirten die noch da waren, waren im Ötzthale gewesen; sie hatten nur in einem lichten Augenblicke vom Ferner aus die Häuser von Pirchitt gesehen, und so die Richtung erkannt, die sie einschlagen mussten. Franz Scheiber sagte, nachdem er eine Zeit lang mit dem Stocke gefühlt, ob er noch auf dem Ferner, oder auf dem Lande sei, er wolle den Schafen vorausgehen. Die zwei Hirten verloren ihn und hörten nur später noch einmal Rufen. Franz Scheiber gelangte am ‚Kippele' ans Ufer des Ferners und scheint sich dort nicht mehr ausgekannt zu haben. Denn er war vermuthlich einwärts statt auswärts gegangen. Die zwei erwähnten Hirten kamen spät abends etwa um 10 Uhr nach sehr vielen Umwegen in Obergurgl an und fragten, ob Franz noch nicht angekommen. Man brach wohl auf und ging suchen, aber ganz umsonst.*

73

Eine kalte Rast in Fels und Eis auf dem Weg über das Niederjoch © M. Gambicorti

Am folgenden Tag fand man ihn weit hinten am ‚Kippele' auf dem Ferner halb eingewindet im Schnee. Er scheint ermattet von Hunger, Müdigkeit und Kälte von einem kleinen Felsen herabgestürzt zu sein. Denn oben waren noch Ziegen, welche ihn begleitet hatten, sein Hut und sein Sacktuch. Bei zweihundert Schafe, welche vom Ferner auf den Felsen, der in das kleine Albele steil abfällt, vorgedrungen waren, waren herabgestürzt und erfroren. Ein alter Hirte aus Vintschgau, Holzer Jos genannt, welcher wohl an die zwanzig Jahre in der großen Alpe gehütet hatte, hat oft schon früher erzählt, er habe häufig an der Stelle, wo Franz Scheiber erfroren, ein Licht gesehen ..."

Bemerkenswert ist neben den überaus dramatischen Umständen dieses Schaftriebes und des Todes von Franz Scheiber sowie der 200 Schafe das Licht, das an der Unglücksstelle gesehen wurde. Immer wieder werden im Ötztal und an anderen Orten solche Lichter an Unglücksstellen gesichtet. Entweder markieren sie Orte, an denen Personen verunglückt sind, oder das Licht kündigt an, es werde dort ein Unglück geben. Die Einheimischen im Ötztal nennen diese Erscheinung das Mahrn, also das Ankündigen eines Todes oder Unglücks. Wird ein solches Licht gesehen, dann gehen die Leute zum Pfarrer und bestellen eine heilige Messe.

Sage mit historischem Kern

In der Gurgler Chronik, die hauptsächlich vom verdienten Kuraten Adolf Trientl (1817–1897) angefertigt wurde, finden sich noch zahlreiche Hinweise auf Unglücke, vielfach durch Lawinen. In dieser Chronik wird auch vermerkt, dass es früher (also vor 1860) üblich war, am Feste Mariä Geburt – das ist der 8. September – in Gurgl die Schafscheide vorzunehmen.

Ein Gurgler Kurat soll dieses Ritual einmal „abgebracht" und auf den folgenden Tag verlegt haben. Daraufhin soll sich Folgendes ereignet haben: Als die Schäfer, Hirten und Treiber über den Ferner und das Gurgler Eisjoch ins Pfossental und dann weiter in das Schnalstal und den Vinschgau gezogen sind beziehungsweise fahren wollten, kam ein schrecklicher Schneesturm auf. Da kam ein altes Weibele zum Zug auf den Ferner und warnte „o mandr mandr husch husch". Und tatsächlich sind in diesem schrecklichen Schneesturm 1300 Schafe und alle Treiber bis auf einen Einzigen zu Grunde gegangen. In Varianten der mündlichen Überlieferung bzw. der Sage sind zwei Treiber ums Leben gekommen. Auch die Angaben zur Zahl der toten Schafe schwankt zwischen 1000 und 1300. Dies alles sei – ohne Angabe eines konkreten Jahrs – „vor sehr alter Zeit geschehen".

Trotz meiner intensiven Bemühungen, auch im Archiv des Ferdinandeums in Innsbruck, diesen Eintrag zu verifizieren, gelang es mir bis heute nicht, einen konkreten Hinweis auf ein historisches Datum zu finden.

Sicher beruht die Sage auf einem wahren Kern. Da aber schriftliche Nachrichten wie die Urkunde der Weiderechtsverträge zwischen dem Schnalstal und Vent erst ab 1415 vorliegen, könnte oder müsste das schreckliche Ereignis lange vor 1400 geschehen sein. Es existieren aber auch Nachrichten von einigen Vorfällen aus späteren Jahrhunderten.

Adolf Pichler schildert in seinem Bericht „*Im Oetzthale*" (abgedruckt in: Der Alpenfreund, Gera 1878, S. 265 ff.) seine Begegnung mit Gurgl und vor allem mit dem von ihm hochgeschätzten Kuraten Adolf Trientl. Pichler, der bereits in der Chronik las, zitiert ebenfalls dieses schreckliche Ereignis, allerdings mit der vagen Angabe: „*So fuhren im vorigen Jahrhundert Hirten mit 1300 Schafen von Gurgl ab*". Pichler nimmt also an, das dramatische Ereignis habe im 18. Jahrhundert stattgefunden.

Auch Franz Fliri kann dazu in seiner „Naturchronik von Tirol" keine Angaben machen. Das Ereignis wird in mehreren Sagen-Varianten erzählt, einmal aus dem Raum Gurgl und unter Bezug auf das Gurgler Eisjoch und das zweite Mal im Zusammenhang mit dem Niederjoch.

Salige Frauen und Fräulein

Immer wieder deuteten Sagensammler und -erzähler das alte Weib, das den Zug zur Eile mahnte, als Hexe. Es war aber eher der wohlmeinende Rat der WEISEN ALTEN, war die Warnung durch eine SALIGE.

Mit den weisen Frauen, der weiblichen Heiligkeit, und damit auch den „Saligen Frauen" und „Saligen Fräulein" hat die katholische Kirche immer ihre Schwierigkeiten gehabt. Und so sind diese Figuren seit Jahrhunderten geächtet oder umgedeutet worden. Aus den Saligen wurden Hexen, aus alten weiblichen Kultplätzen wurden Stätten der christlichen Andacht oder gar Hexentanzplätze und Teufelsfelsen. So ist es zweifellos geschehen bei der Kaser im Niedertal und bei der Kirche von „Unser Frau im Schnalstal".

Lebendige Erzähltradition

Die Sage vom großen Schneesturm ist bis heute Teil der mündlichen Erzähltradition bei den Schäfern und Hirten. Einen alten Hirten lasse ich die Sage auf folgende Weise sehr frei und neu erzählen:

„Jaja, ist beim großen Schaftrieb gewesen. Über das Gurgler Eisjoch. Sind die Schnalser beim Sonnenschein in Hemdsärmeln, ganz warm und fein ist es gewesen, über das Joch gefahren. Kommt ein altes Weiblein daher, will sie aufhalten, ist ganz in dickes Gewand gehüllt, ruft ihnen entgegen: Mandr mandr husch husch! – Ihr versteht es ja. Männer, Männer macht schnell. Beeilt euch. Habt keinen Rock an. Wenn der Schneesturm kommt. Das Weiblein, stellt euch vor, ganz dick und fest angelegt und hat gezittert am ganzen Leib. Das haben die Hirten nicht glauben wollen. Haben das Weiblein ausgelacht. Haben gespottet über die Alte.

Dann ist alles anders und schrecklich geworden. Es hat angefangen zu schneien und es schneit ganz wild und dick. Droben auf dem Großen Gurgler Ferner sind sie nicht mehr weitergekommen, hat es auch noch ganz arg gestürmt. Haben sie auf dem Großen Ferner den Weg verloren. Dann ist es geschehen: von den mehr als tausend Schafen hat keines überlebt. Sind alle erfroren und erstickt. Und ganz schrecklich ist es dem Hirten und den Treibern ergangen. Stellt euch vor: von den elf Männern sind zehn zugrunde gegangen; erfroren, elendiglich erfroren und erstickt. Nur einer hat überlebt, wird erzählt. Jaja und ihr wisst es ja, es kann allemal wieder geschehen. Wie es 1979 gewesen ist."

Immer wieder ereignete es sich vor allem im Schneesturm und durch abgehende Lawinen, dass Schafe zugrunde gingen.

Schafe in Not

Halbwegs gut haben die Schafe auf den Gurgler Weiden einen Schlechtwettereinbruch mit starkem Schneefall im Sommer 1954 überstanden. Damals wurde die erste Rettungsaktion mit hoteleigenen LKWs gestartet. Federführend dabei waren die Gurgler Martin „Broser", Erich und Alban Scheiber. Sie haben Heu so weit als möglich hinaufgefahren. Von dort weg haben Gurgler Männer das Heu zu den Schafen getragen. Über diese Rettungsaktion hat der Gurgler Hans Falkner einen kurzen Amateurfilm gedreht mit dem Titel „Schafe in Not".

In lebhafter Erinnerung bei den Schäfern, Hirten und Schafbauern im hinteren Ötztal, im Passeier-

Die Kaser mit der Bergführer-Kapelle wird als lokaler Wallfahrts- und Gebetsort vor allem von Leuten aus Vent aufgesucht. © H. Haid

tal, im Schnalstal und im Vinschgau ist der Juni 1979. Ich habe dazu einige Zeitungsmeldungen gefunden, so auch in der Tiroler Tageszeitung vom 18. Juni mit der Schlagzeile „3000 Schafe im Schneesturm ins Ötztal" und in der Neuen Tiroler Zeitung vom 18. Juni mit der Schlagzeile „50 Schafe bei Almauftrieb über die Gletscher erfroren". Zusätzlich habe ich authentische Berichte zu diesem Ereignis, unter anderem von Willi Gurschler, Hans Götsch und Alfons Gufler (siehe Seite 79ff.).

Die in der Neuen Tiroler Zeitung vom 18. 6. 1979 genannte Zahl von 50 toten Schafen entspricht einer ersten Meldung. Insgesamt sind bei diesem Ereignis allein im Bereich Tisental – Niederjoch – Similaunhütte ca. 100 Schafe zugrunde gegangen. Eine Rettungsaktion mittels Hubschrauber hat damals Schlagzeilen gemacht.

„Am Samstag zog man vom hinteren Schnalstal aus los. Rund 3000 Schafe, darunter zahlreiche Jungtiere, gingen auf den großen Weg. Nur spielte heuer das Wetter nicht mit. Regen im unteren Teil und ein

heftiger Schneesturm im Gletschergebiet brachten den Almauftrieb an den Rand der Katastrophe. Als die großen Herden das Niederjoch über den Niederjochferner erreichten, waren Mensch und Tier am Ende der Kräfte. Man hoffte, noch am Abend das Ötztal und die dortigen Weiden zu erreichen, aber im Schneesturm kamen die Tiere langsamer vorwärts als erhofft und viele davon, besonders Jungtiere, zeigten Erschöpfungserscheinungen.
In dieser verzweifelten Lage riefen die Hirten über Funk um Hilfe. Sie konnten sich mit dem Hotel ‚Kurzras' am Fuße der Schnalstaler Gletscher und Ausgang der gleichnamigen Seilbahn in Verbindung setzen. Der Hotelbesitzer Leo Gurschler, der über einen Hubschrauber verfügt, rief einige Leute der Freiwilligen Feuerwehr zusammen und flog sie auf das Niederjoch. Dort trafen Herde und Retter zusammen. Während mit vereinten Kräften die kräftigen Schafe weitergetrieben wurden, wurden jene, die im Schnee steckengeblieben waren, in ein großes Netz gelegt, am Hubschrauber befestigt und in Sicherheit geflogen. Die Rettungsaktion dauerte viele Stunden.
Trotzdem war das Fazit am Morgen erdrückend. Über hundert Schafe waren im Sturm verendet, doch die große Mehrheit konnte die Almwiesen im Ötztal erreichen." (Tiroler Tageszeitung vom 18. 6. 1979)
Mit großer Hochachtung sprechen die an diesem Schafübertrieb beteiligten Hirten und Treiber noch heute, also fast 30 Jahre später, vom gefährlichen und aufopfernden Einsatz vor allem von Leo Gurschler. Mittels Hubschrauber wurden schließlich auch die verendeten Tiere ins Tal gebracht.

„DES MUASS MAN SELBR MITDRLEBM" – WAS DIE SCHÄFER ERZÄHLEN

Wenn die Treiber, Treiberinnen und Hirten am Abend vor dem Übertrieb der Schafe in den Schäferhütten beisammensitzen, erzählen sie von Ereignissen, die schon sehr lange zurückliegen und meist nur mündlich weitertradiert werden; Geschichten also, die in keinem Buch zu finden sind. Gehörtes vermischt sich mit eigenem Erleben, historische Tatsachen mit der geheimnisvollen Welt der Sagen.
Der Pseirer Schäfer Alfons Gufler aus Pfelders im Passeiertal, Hirte auf der Großen Gurgler Alm, berichtet von den Begebenheiten der Jahre 1979 und 1987. Alfons war schon vorher mehrere Jahre Hirte im Windachtal und dann im Timmelstal gewesen. Im Sommer 2007 ist er zum 30. Mal mit Schafen ins Ötztal gezogen. Ich habe mit ihm am 16. Oktober 2006 auf seinem Hof in Pfelders ein langes Gespräch zu den dramatischen Ereignissen im Jahr 1987 geführt und auf Tonband aufgenommen (vgl. Tondokument auf der beiliegenden DVD). Da der Pseirer Dialekt schwer verständlich ist, habe ich seine Schilderung teilweise wörtlich ins Schriftdeutsche übertragen, teilweise nacherzählt; einzelne Passagen wurden im Dialekt belassen. Was hat er 1987 alles erlebt? Alfons berichtet, wie es gewesen ist, damals, am 29. August 1987.

DER SCHÄFER ALFONS ERZÄHLT

Es ist gerade der Schönwieser Kirchtag gewesen. In dieser Nacht hat es angefangen zu schneien. Am Montag hat es weitergeschneit und am Dienstag sind vor der Hütte 30 Zentimeter Schnee gelegen. Die Schafe standen alle im Schnee.

„Und die Schoof sein holt olle in die Schneabr obm gschontn und in die Schneabr gschtontn und in Mittig ischt nochr dr Obmann kemmen ... zearschts geat kimmt dr Hubschrauber mitn Hei fliegn. Und nochr ischt holt olm letz Wettr gwesn und Nebl und gschniibm; gonz a lausig Onngricht ..."

*

Am Mittwoch ist dann der Obmann gekommen und Gernot Patzelt sowie zwei Bauern. Sobald es möglich war, kam der Hubschrauber und brachte Heu.
Und dann ist immer noch schlechtes Wetter und Nebel und es schneit. Ein lausiger Zustand. Am Dienstag bin ich hinein ins Langtal. Sagt der Siggi: Geh nur ja nicht in die Schwärze hinein. Oben stehen 58 Schafe. Das habe ich gewusst. Die Schwärze ist ein gefährlicher Ort. Und ich habe gesagt: Nein, ich gehe nicht. – Ich bin aber von

der Hütte hinaus und über die Brücke und hinauf in die Schwärze. Neben dem Bach habe ich den Rucksack niedergelegt und habe dem Hund befohlen dabei zu sitzen. Dann bin ich hinauf. Die Schafe sind droben zu zwei Gruppen gestanden. Bin ich hinaufgewatet und habe einen Widder erwischt. Den habe ich auf den Rücken gelegt, bei den hinteren Füßen gepackt und heruntergezogen bis zum Bach. Dann habe ich einen Weg gehabt und bin hinauf zu den anderen Schafen und habe sie über den Bach herüber.

*

Der Alfons berichtet, wie er ins Langtal zurückkommt und wie der Siggi schimpft: Bei einer solchen Lawinengefahr dürfe er nicht sein Leben riskieren. Er hat sich gedacht, wenn die Sonne herauskommt, bricht alles ab, dann kommt die Lawine und alle Schafe sind tot. Schließlich ist der Hubschrauber gekommen. Die Bauern haben Heu abgeladen. Alfons lobt die große Hilfsbereitschaft der Gurgler Bauern.

*

Droben, unter dem Kapellele, für das der Obmann Bernhard Scheiber, ein Bauer und zugleich ein Holzbildhauer aus Gurgl, eine Statue geschnitzt hat, da, wo es ins Langtal hineingeht, hat ein Mutterschaf geworfen. Aber Alfons hat das Mutterschaf mit dem Lamm nicht herausgebracht, so tief war der Neuschnee. Also hat er einen kleinen Platz „im Schnee drinnen ganz fest ausgetreten". Nun hat das Lamm beim Mutterschaf, bei der „Göre", wie sie im Passeier sagen, saugen können und alles ist gut gegangen. „Nein, nein, wegen dem Schnee habe ich keines hin gehabt." Das Lamm und die anderen Lämmer und Schafe sind im Herbst lebendig übers Joch zurückgekehrt nach Südtirol.

*

Stellt euch das vor: Am Montag haben wir den ersten Schnee gehabt und am nächsten Montag, so ist es gewesen, habe ich den ganzen Berg abgeschaut und habe immer geschaut. Sind außerhalb von Ramol droben Schafe gestanden. Ich habe sie mit dem Fernglas gesehen, hoch droben. Sagt der Alfred von Schönwies: „Geh ja nicht hinauf." Wiederholt: „Geh ja nicht hinauf." Und der Alfons geht trotzdem, geht über die Brücke, geht durch den Lawinenstrich hinauf und droben stehen elf Schafe, und er hat die elf Schafe genommen. Eine hat gelämmert. Hat ein Lamm gehabt, ganz ein wildes, wild wie ein Fuchs. Haben die Schafe acht Tage nichts gehabt. Nichts. Kein Futter. Alle hat er heruntergebracht. Alles ist gut gegangen.
Ein Schaf hält es acht Tage, ja bis zehn Tage ohne Futter aus. Aber du musst schauen, in welcher Jahreszeit das ist und unter welchen Umständen. Im Frühjahr beim Auftrieb der Schafe wären sie nach drei Tagen tot. Aber zuletzt im August, wenn sie fett und gut genährt sind und eine feste Wolle haben und wenn sie gegen den Durst Schnee bekommen, halten sie es acht bis zehn Tage aus. Hat einer im Radio Falsches berichtet. Hat alle Leute und Schafbauern verschreckt. Hat gemeint, es wären dort im Schnee alle Schafe nach drei Tagen tot.

*

Alfons weiß viel zu erzählen, woher „seine" Schafe kommen und wie es dem „Weiss" ergangen ist, als er über das Gurgler Eisjoch Schafe getrieben

Auf dem Niederjochferner geht es stundenlang dahin; auch bei Nebel und Schneetreiben. © M. Gambicorti

hat, wie ihm die Finanzer – also italienische Zollbeamte – alles Geld abgenommen haben und wie dann der Angelus Scheiber, der große Hotelier und Bauer in Gurgl, von den Finanzern das ganze Geld wieder zurückgeholt hat.

Heute lässt er die Mehrzahl der Schafe im Juni durch Lastautos bis zur Timmelsbrücke bringen und sie dort im September wieder auf LKW verladen und abtransportieren. Es gäbe zu viele Bauern, deren Schafe den langen Fußmarsch nicht mehr ertragen würden. Da kann er nicht mehr alles zu Fuß gehen. Nun heißt es, er würde die alte Tradition brechen. Aber diese Kritik lässt er sich gefallen.

*

Alfons Gufler berichtet auch vom schrecklichen Jahr 1979. Da hat er Schafe im Timmelstal gehütet:

Mit 1020 Schafen zieht er im Juni vom Passeier her über das Timmelsjoch; er allein mit den vielen Schafen. Da ist ganz ein schlechtes Wetter

Knapp unterhalb vom Niederjoch wartet auf die etwa 2000 Schafe die letzte beschwerliche Passage. © M. GAMBICORTI

eingetroffen, nur mehr Schnee und Schnee und Schnee. Da sind beim „Aufkehren" (Auftrieb) 66 Schafe umgekommen. Schlimm ist das gewesen. Bald ist es so weit gewesen, dass die toten Tiere gestunken haben. *„Ja, und nochr hon i holt inngegroohm."* Eingegraben hat er die Kadaver und einer hat ihm dabei geholfen. Dann haben die „Finanzer" nachgefragt, denn einer von ihnen hat ein Stück Fuß gesehen. Aber alles sei (halbwegs) gut vorbeigegangen. Alfons hat eine Nacht unter einem Felsen zugebracht. Hat Brot und Speck bei sich gehabt und war einfach dagehockt an dem Felsen und hat auf den nächsten Morgen gewartet.

In diesem 1979er Jahr sind viele Schafe zugrunde gegangen; viele durch Lawinen, aber auch an Erschöpfung. Die Leute haben die total erschöpften Tiere zu viel angetrieben.

Dann ist der September gekommen. Der 23. ist ein Sonntag. In der Früh liegen in Gurgl drunten 30 Zentimeter Neuschnee. Der Schneepflug ist gefahren.

Mit acht Leuten ist der Alfons im Timmelstal unterwegs, Schafe zusammentreiben. Es ist viel

Schnee gewesen und große Lawinengefahr.
An einem Ort im hinteren Timmelstal, die
„Wilde" genannt, stehen unter einem Felsen 13
Schafe zusammengekauert. Der Alfons hat wieder
und immer wieder durch das Fernglas geschaut,
zur „Wilden" hin. Die Finanzer haben gesagt: „Da
lebt kein Schaf mehr. Da brauchst du nicht mehr
hinaufschauen."

Es ist schon der 28., und dann der 29. September.
Sind alle „eingelahnt" dort droben? Der Alfons
hat nicht nachgegeben. Am 29. steigt er hinauf,
von der Seite her, allein, ist ja extreme Lawinengefahr, hat keine Hilfe von anderen Männern
gewollt und gebraucht. *„Und sein nein Schafln obm
gwesn und an Weg obr ischt die Lahn kemmen und
oans honn i hiin kopp, an Weg ochn, woascht, ischt
die Lahne drinngfoorn. I bin draußkemmen und di
ondrn Schoof hon i drausbrocht. Oans hon i hin
kopp ..."*

Neun Schafe hat er also gefunden. Auf dem Weg
hinab ist eine Lawine über sie hinweggefahren,
aber Alfons konnte sich und die Schafe wieder
befreien; nur ein einziges Schaf hat er verloren.
Vom 22. bis zum 28. September haben die Schafe
nichts zum Fressen gehabt, gar nichts. Aber sie
haben überlebt und sind mit der Herde am
nächsten Tag über das Timmelsjoch nach
Südtirol zurückgekehrt.

In diesem schlimmen Jahr 1979 sind Frühjahr
und Herbst zusammen über 100 Schafe im Berg
geblieben. Der Alfons hat ans Aufhören gedacht,
hat auch aufgehört. Hat alle seine Schafe verkauft. Dann ist das Jahr 1980 gekommen. Das ist
schwer gewesen für ihn. Dann erst recht 1981 und
1982. Und 1983 hat er wieder angefangen. Hat es
nicht ausgehalten ohne „seine" Schafe, hat
wieder Schafe ins Ötztal getrieben.

Hans Götsch aus dem Schnalstal
berichtet

Der leidenschaftliche Schafbauer Hans Götsch,
gebürtig vom Gurschlhof im Schnalstal, erzählte
im Frühjahr 2006 für das Ötztal-Archiv, wie er im
Jahr 1979 den Schneesturm und den Tod von
mehr als 100 Schafen am Niederjoch erlebt hat
(vgl. auch das Tondokument auf der beiliegenden
DVD). Auch dieses Dokument wird hier, mit
wenigen Ausnahmen, ins Schriftdeutsche transkribiert und teilweise frei nacherzählt. Außerdem erzählt er von einem dramatischen Ereignis
beim Schaftrieb im September, zurück von den
Gurgler Weiden über den Langtaler Ferner und
das Langtaler Joch, dann sehr steil und ausgesetzt
auf Südtiroler Seite hinunter, oberhalb an der
Stettiner Hütte vorbei. Vor einigen Jahrzehnten
soll es gewesen sein, dass 300 oder 400 Schafe
dabei im Sturm erfroren sind. Nur diejenigen,
welche in der Stettiner Hütte Unterschlupf
gefunden haben, konnten überleben. Alle
anderen sind draußen im Schneesturm zugrunde
gegangen. *„Von Wind drschtickt. So a koltr Schneaschturm ischt do gwesn."* Wann das gewesen ist?
Es könnte in den 20er Jahren gewesen sein (also
nach 1920) oder auch später. Genau lässt sich das
nicht rekonstruieren.

Genau erinnert sich Hans Götsch aber an die
dramatischen Ereignisse im Jahr 1979, wie
droben, knapp unter dem Niederjoch, im „Tauf",
unter den „Jochköfeln", sein Onkel gestanden
hat, *„und der hot ausgschaug, wie die vom Himalaja, der Bort mit zehn Zentimeter Eiszopfn. Aso ischt
der Mensch obm gschtontn und mit de Augn hot er
nimmr ausgseegn. Nit. Do honn i mier gedenkt,*

muaß man ihn amol auskraln, dass er ibrhaup amol schaugn kann." Fast ein Meter Neuschnee war gefallen. Stellt euch das vor! Alles war vom Wind zugeweht. Mit allergrößter Mühe bringen sie die Schafherde weiter.

Am nächsten Tag ist es noch schlimmer gewesen, *„dass nit amol gscheit schnaufn konscht, vö lautr dass dr Wind hot gwirblt."*

Tief im Schnee drinnen stecken noch Schafe, eingeschneit. Da und dort sehen die Hirten und Treiber, dass aus dem Weiß ein wenig Dampf aufsteigt. Sie graben und finden dort Tiere, die gerade noch atmen können, weil der warme Dampf ein kleines Loch in den Schnee frisst. So haben die obersten überlebt. Und die darunter gelegen sind, sind erfroren. *„Und so a hundert wearn holt vrendet sein gwesn."*

Vom gleichen „Trick", wie ihn der Alfons Gufler angewendet hat, weiß auch Hans Götsch zu berichten. Als die Schafe nicht durch den hohen Schnee zu treiben waren, hat einer der Männer einen starken Widder oder ein anderes kräftiges Schaf gepackt, hat es bei den hinteren Beinen genommen, auf den Rücken geworfen und heruntergezogen über den Tiefschnee, *„dass a Kanal gwesn ischt ... Do sein di ondrn Schof schean nochgongen. – Wenn man nit an Trick hot, schofft man das oanfoch nit."*

In großer Hochachtung berichtet Hans von der Hilfsbereitschaft der Venter, als das alte Schneefluchtrecht wieder zum Einsatz kam. Die Hirten haben die Herden in die Weiden der Venter getrieben. *„Hot koa Mensch gschumpfn. Mier sein aufgnommen wordn. Des muaß man selbr mitdrlebm. Die Leit in Vent sein mit di Hirtn aufgwochsn."*

Zwei volle Tage sind sie drunten in Vent gewesen. Dann ist der Hubschauber mit Heu gekommen. Die Venter wissen genau Bescheid um das Schneefluchtrecht, und das Wissen darum wird weitergegeben in die nächste Generation.

Wie wahr sind diese mündlichen Überlieferungen?

Die in den Erzählungen geschilderten dramatischen Ereignisse beim Schaftrieb über das Niederjoch können nicht alle nach Jahr und Datum oder/und nach schriftlichen Quellen nachgewiesen werden. Hirten und Treiber berichteten aber mehrfach von diesen Ereignissen. Dass bei einem Schneesturm ein Teil der Herde in die Similaunhütte getrieben wurde, bis in die Schlagräume und Matratzenlager hinein, konnte mir niemand bestätigen. Laut Auskunft von Luis Pirpamer in Vent, dessen Schwiegervater die Hütte im Besitz hatte, was dann auf seine Familie übergegangen ist, müsste dieses Ereignis vor 1920 gewesen sein. Er könne sich nur daran erinnern, dass immer wieder davon erzählt wurde. Auch unter den Vinschgern und Schnalsern konnte ich niemanden finden, der mir dazu präzise etwas hätte berichten können. Die Karteien und Sammlungen im Ferdinandeum in Innsbruck dokumentieren kein solches Ereignis, ebenso wenig wie die ansonsten reichlich vorhandene Literatur über die Ötztaler Alpen.

Ein zweites, ähnliches Ereignis soll sich auf der Stettiner Hütte (Eisjöchlhütte) zugetragen haben (vgl. auch die Erzählung von Hans Götsch). Ein Schaftrieb geriet in einen schrecklichen Schneesturm. Da gab es offenbar keine andere Möglichkeit, als einen Teil der Schafe in die Hütte zu

Seit einigen Jahren wird beim Schaftrieb über das Niederjoch ein eigenes, für diesen Zweck gebautes Tragegestell für die neugeborenen Lämmer verwendet, die noch zu schwach zum Gehen sind. © M. Gambicorti

treiben. Damit konnten viele, vor allem Mutterschafe mit kleinen Lämmern überleben. Aber auch über dieses Ereignis habe ich bisher keine weiteren Informationen erhalten können, keinen Hinweis auf das Jahr, auf ein genaues Datum oder Ähnliches.

Bis zum (vorläufig) letzten Schaftrieb über das Gurgler Eisjoch im Jahre 1963 war es so, dass man mit den Schafen im Juni über Eishof, Grubalm, Gurgler Eisjoch und Großen Gurgler Ferner auf die Sommerweiden gefahren ist. Im September ist man dann mit den Schafen über den Langtaler Ferner und das Langtaler Joch zurückgekehrt. Dann ging es weiter, direkt an der Stettiner Hütte vorbei, zum Eisjöchl (nicht zu verwechseln mit dem Gurgler Eisjoch!) und weiter durch das Pfossental.

Es wäre also durchaus möglich gewesen, dass bei einem Schaftrieb im September die Schafe in der Stettiner Hütte (Eisjöchlhütte) „Unterkunft" für

Ungefähr an diesem engen Durchstieg zum Niederjoch ist die Stelle, die die Schnalser „Die Frau" nennen. © M. Gambicorti

eine kalte und grausige Schneenacht finden konnten. Vielleicht gelingt es noch, entsprechende Daten und Fakten ausfindig zu machen. In der mündlichen Überlieferung gibt es einige Hinweise. Es müsste auf jeden Fall vor 1920 gewesen sein und nach 1897, da die Hütte in den Jahren 1895 bis 1897 durch die Sektion Stettin erbaut wurde. Der sehr ausgesetzte Steig vom Langtaler Joch zur Hütte ist im Alpenvereinsführer und in der Alpenvereinskarte nicht (mehr) verzeichnet und nur äußerst mühsam zu begehen. Die Widrigkeiten des Weges, die Zerstörung der Hütte durch eine Lawine im Jahre 1931, dann die Besetzung der Hütte in den Jahren von 1965 bis 1972 durch das italienische Militär mögen zusätzlich dazu beigetragen haben, den überaus gefährlichen Schaftrieb über das Gurgler Eisjoch nicht mehr durchzuführen.

SUUGELEN, SUUGELEN HÖÖRLA LECK LECK LECK – PROSA UND DIALEKTGEDICHTE VON HANS HAID

Virgil der Schäfer ist eine fiktive Figur aus dem 2008 erschienenen Roman „Similaun" von Hans Haid (Skarabaeus-Verlag, Innsbruck 2008). Wenn dieser Virgil vom Schaftrieb über das Niederjoch erzählt, klingen darin all die Erzählungen der Hirten und Treiber an, die dramatischen Ereignisse, die sich vielleicht beim Schaftrieb von anno 1987 oder 1979 abgespielt haben oder noch länger, Jahrzehnte oder Jahrhunderte, zuvor.

VIRGIL DER SCHÄFER ERZÄHLT

Sell, jaja.
Jaja kannst dir vorstellen. Wie es geschneit hat, die Sicht immer schlechter, vor den Augen nur das Weiß und immer das Weiß von Schnee und Schnee und weiße Schafe über und über mit weißem Schnee bedeckt. Der Sturm immer schlimmer. Denken wir, wie die Alten erzählt haben. Das hat es früher auch gegeben. Das erzählen die Alten. Heuer erwischt es sie wieder. Ich kann dir sagen: das ist die Angst. Du kannst es dir nicht vorstellen. Mitten im Sommer kommt der Schneetod auf uns zu. Wir treiben die Schafe von Tisen herauf. Zuerst geht's gut. Etwas flacher ist es: Dann der steile Anstieg. Wir haben einen ganzen Tag mit den Schaufeln den Weg ausgeschaufelt. Dass die Schafe hinaufkommen. Kannst dir vorstellen: einen halben Meter und noch tiefer und das alles bergauf, steil zwischen den Felsen hindurch. Dann die Eisplatten am Weg. Dann der Schweiß und die nassen Füße. Acht Stunden haben wir geschaufelt. Am nächsten Tag sollten die Schafe kommen. Knapp zweitausend Stück.
Sie sind gekommen. Und auch der Schnee ist wieder gekommen. Wir haben in der Nacht hinausgeschaut und haben uns gefürchtet. Das kannst du dir nicht vorstellen, wie dunkel und schrecklich eine solche Nacht sein kann, wenn es draußen nur weißen Schnee gibt und nichts als weißen Schnee. Wir haben kaum schlafen können. Der kommende Tag sollte schrecklich werden. Für uns und für die Schafe.
Stell dir vor, wie eine Neuschneenacht schrecklich dunkel sein kann, direkt schwarz und grausig, wenn wir wissen, es geht in der Nacht so dahin, und es hilft uns niemand, und die Treiber sind gekommen und die Schaufler, aber es sind immer zu wenige. Sie haben keine Zeit oder kein Interesse. Weißt ja, dass die Schafhalter einen schlechten Ruf haben bei den Rinderbauern. Das sind die Besseren. Das meinen sie. Und die Jungbauern aus einem solchen Rindviehhof haben nur die Euter im Sinn, die Milch und die Größe dieser Rinder, immer schwerer und beleibter. Es gibt dicke Prämien und Ausstellungen

und landeshäuptliche Belobigungen. Das Schaf ist etwas Minderes geworden. Schade.

Ja, das stell dir vor. Wir hocken in der Stube beim Tisner und schauen, dass draußen der weiße Schnee immer schwärzer ist. Die Nacht ist da und das lange Warten und dann erst der Sturm. Wie der über den Hof gepfiffen hat, dass wir gemeint haben, es reißt den Kamin weg. Wie wir hinter dem Schnapspudele gesessen sind: jeder bis oben voll Angst und Suff. Und wir haben blöde Witze gerissen. Männerwitze. Dreckig und das alles, weil wir uns gefürchtet haben.

In der Früh ist es losgegangen. Draußen die Schafe. Tief verschneit und alle mit weißen Hauben. Aber geduldig, und wie der Pfarrer sagen würde und es sich von uns wünschen würde, und wie er es nennt: „gottergeben". So auch das Schaf. Die Schafe. Und wir treiben sie bergauf. Zuerst geht's gut. Da ist noch ein bisschen Wald. Eine knappe Stunde weiter ist alles anders. Nur mehr weiße Wüste. Wir treiben die Schafe an, eine alte Mutter als Leitschaf will nicht mehr. Der Instinkt ist stärker. Bleibt nichts anderes übrig als gut zureden, ermuntern, sogar streicheln und noch einmal, jetzt geh, jetzt geh endlich. Dann kommt das Schlagen, das Ziehen, der Schellriemen ist fest und breit. Immer näher dem oberen Boden, wo der steile Aufstieg beginnt. Gestern den Weg ausgeschaufelt. Heute alles wieder zu. Wieder das Hinaufschaufeln, das Ausrutschen auf den Eisplatten, das Abrutschen und wieder Hinaufschwitzen, das Fluchen und das Schaufeln und das Antreiben der Schafe bis hinauf zur „Frau" und zum erlösenden Joch. – Nein, zum schrecklichen Tod im Schneesturm. Mit allergrößter Mühe haben wir geschoben, immer einer von uns das Leitmutterschaf von hinten angetrieben und immer geschoben, hinaufgeschoben zur „Frau" und alle anderen sind nachgekommen. Es hat zwei Stunden gedauert, sicher zwei Stunden, vielleicht drei Stunden an diesem Tag, ich habe nicht auf die Uhr geschaut. Sonst sind die Schafe dahin, wenn sie das Grün drüber dem Joch im anderen Tal schmecken. Dann sind sie auf und davon, dass wir Hirten und Treiber kaum folgen können.

Vorbei an der „Frau": am Joch angekommen. Es erwartet uns, wie wir von unten her schon gehört haben, der Sturm. Nichts als der Sturm und der Sturm mit Schnee, und stell dir vor, einen Meter Neuschnee. Stell dir vor, einen Meter Neuschnee! Hinunter muss es. Alle hinunter und heraus aus der Schneehölle. Es wird Mittag. Es dämmert. Das Klagen und Weinen wird schlimmer. Und dann auch der Hunger. Das Erfrieren der Lämmer. Die alten Schafe haben ihre Pelzmäntel. Der große Widder hat die Lust verloren. Er kauert sich an das Mutterschaf, rückt ihm nahe. Auch die anderen rücken zusammen, immer enger, dreihundert aneinandergepresste Schafleiber, dann fünfhundert und zuletzt fast zweitausend Schafleiber wie zu einem Knäuel beieinander. So schützen sie sich gegenseitig. Und sie wechseln sich ab, rücken von innen heraus, noch immer gut angewärmt, Ruck um Ruck nach außen, wechseln sich ab mit den Schafen des Außenringes, lassen sich innen wieder aufwärmen, drängen sich schützend um den Kern der gekauerten Herde, um die Jungen, die Neugeborenen, die Schwächsten, die jämmerlich nach der Muttermilch weinenden Lämmer.

Seit vielen Jahren ist Hansi Platzgummer aus Vernagt im Schnalstal bei den Schaftrieben dabei. Diese Eindrücke haben den Künstler, Kult- und Kulturforscher und Wanderführer zu einer Vielzahl von Bildern inspiriert.

© H. Platzgummer

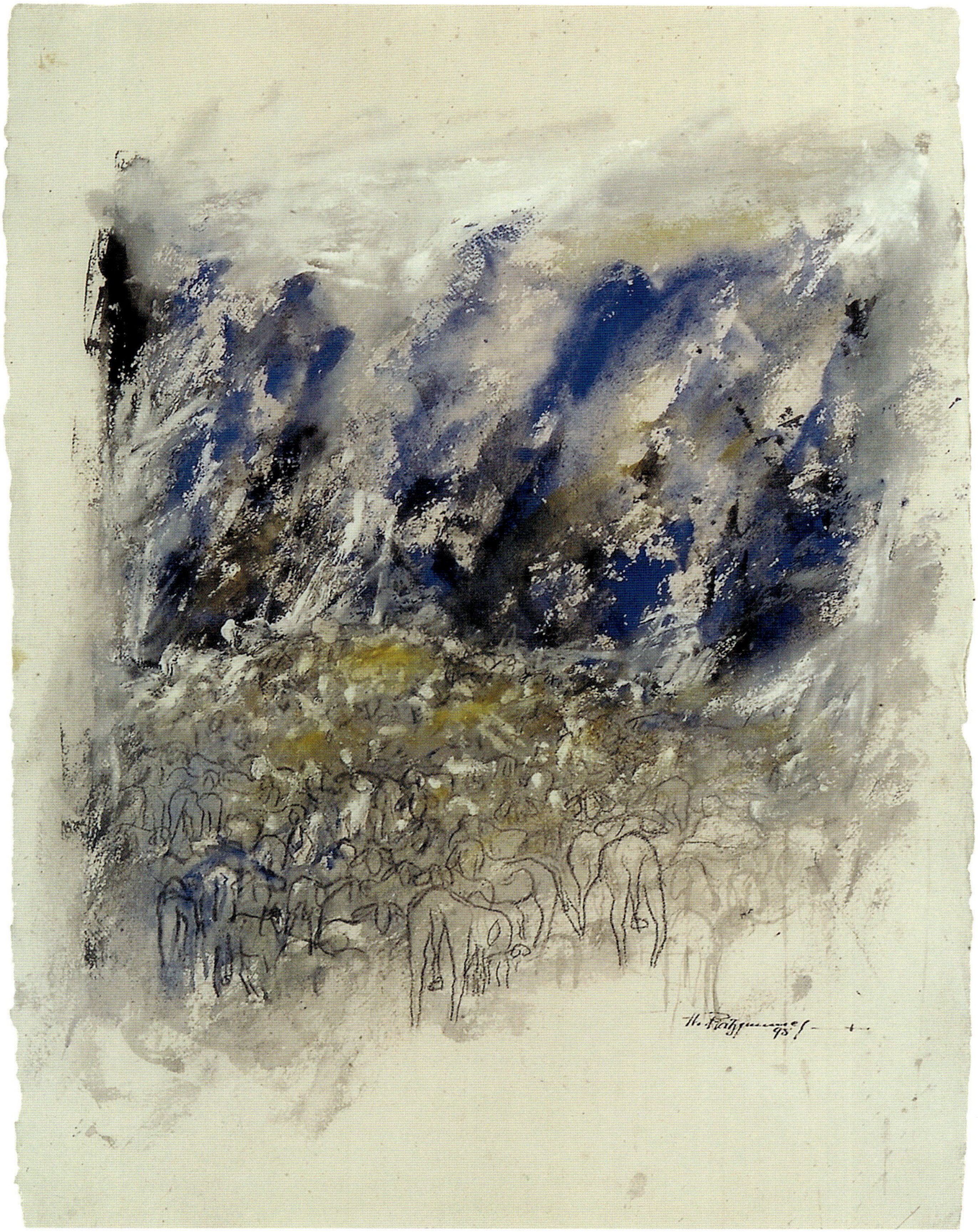

Da ist uns nichts anderes übriggeblieben: Wir haben den Schafen in der Hütte, die am Joch steht, buchstäblich Platz gemacht. Wir haben den Schafen die Hüttentür geöffnet. Wir haben die Schafe hineingetrieben, jaja schon ausgesucht. Nur Mutterschafe mit Lämmern und solche Lämmer, die ihre Mutter verloren haben und vergeblich nach ihr suchen, weinend und klagend. Es ist ein Elend, sage ich dir. Wir haben sie hineingetrieben, durch die Hüttentüre hinein, in die Gastzimmer, in alle drei Gasträume der Schutzhütte, hinauf über die Holzstiege, die Schafe in die Schlafkammern hinauf, so viel als Platz haben, alle hinauf und hinein in die Kammern, in das Matratzenlager. Eine Ecke in der Küche haben wir für uns behalten. Eine Ecke zum Rasten, Essen, Ausschnaufen, Schnaps trinken, Angst haben. Ja, da haben wir Angst gehabt. Und die ganze Herde und nichts für die Schafe zum Fressen. Zwei, drei Wecken Brot. Aber was nützt das? Wie viele haben wir in die Hütte hineingebracht?

Vielleicht dreihundert. Nicht mehr. Alles voll und hinauf in die Schlafkammern getrieben und wieder von draußen die Lämmer mit den Müttern ausgesucht und in die Hütte getrieben, am Schellriemen hineingezogen. Pamperle Pamperle gerufen, gelockt, liebkost, geschrien, gestoßen, wieder gerufen, gelockt, liebkost, Pamperle Pamperle und andere Koseworte und schreckliche Flüche. Mehr als tausendfünfhundert mussten draußen bleiben. In der Nacht im Schneesturm. Eingeschneit in einem Meter Schnee. Die Härtesten werden durchkommen, die Halbwüchsigen, die Jahrlinge, die jungen Stoßer und Raufer, die „Halbstarken". Jetzt können sie zeigen, was sie aushalten können.

Nur die Härtesten kommen durch. Die Jahrlinge. Gut gefüttert, viel im Freien, wenn der Schnee geht, dann sofort hinaus ins Freie und herumrennen. Schlimm sind die Bauern, wenn sie einen Tag, zwei Tage vor der Fahrt die Schafe zum ersten Mal ins Freie lassen, ausrennen lassen; schauen sowieso zuerst herum, wissen mit der Feldfreiheit nichts anzufangen. Anders, sage ich dir, als die Ziegen. Die Schafe müssen abgehärtet sein für diesen Berg. Jetzt passiert es immer öfter, dass sie nicht vorher abgehärtet sind: Du musst verstehen, vorher, nicht erst bei der Fahrt über den Ferner. Da gehn die meisten zugrunde, elendiglich, erfrieren. Nein, mit dem Verhungern ist es anders. Ein gut gesömmertes Schaf, in diesem Berg gesömmertes Schaf hat Ende August so viel Kraft und Reserve, dass es zehn, vierzehn Tage völlig ohne Fressen überleben kann, eine ganze Woche im Schnee drinnen stecken. Macht alles nichts. Solche Schafe haben wir nicht bei der Fahrt über den Ferner im Juni. Das ist heikel, sage ich dir.

Am nächsten Morgen ist es zum Weinen gewesen, zum Plearn. Ich hätte es auch zurückhalten müssen, das Plearn wegen der vielen toten Schafe an diesem Morgen in der Früh. Stell dir vor, wir gehen vor die Hütte, es wird gerade Tag, über dem Similaun verziehen sich die Reste des Schneesturms, sehen wir die Bescherung. Liegen sie vor der Hütte, im Schnee dort, bei den Steinen haben sie Schutz gesucht. Liegen dort: mehr als hundert sind tot. Das haben wir gleich gesehen. Zweihundert fehlen noch. Wir suchen im Schnee, wir suchen weitum rings um die Hütte. Wir zählen die toten Schafe. Dreihundert sind sicherlich tot. Die Männer packt das Grausen. Das wirst du verstehen. Die Schutzhütte voller Schafe. Die haben überlebt. Alle. In dieser Nacht haben wir fünf Lämmer gehabt: Alle haben überlebt. Kannst dir denken, das sind zähe Mütter. Die Schafe draußen haben erfrieren müssen. Oder sind schier erstickt. Verhungert ist uns keines: Haben wir versucht, die Lebenden aus der Schneehölle hinauszutreiben, hinunter über den Ferner, drei Stunden immer über den Schnee, haben sie Schnee gefressen, haben keine Handvoll Gras bekommen. Sieben Stunden talaus. Kein Gras, kein Futter. Da haben wir sie nicht mehr antreiben müssen. Alte Schafe, alte Mutterschafe haben den Weg gewusst. Die haben sich davongemacht, dass wir kaum nachkommen konnten. Nach sieben Stunden kommt das erste Gras. Gierig stürzen sie sich drauf. Wir rasten, setzen uns nieder, schnaufen, beten, fluchen, reden, lenken einander ab.

Das ist lange her. Wir wissen das Jahr nicht mehr, dass mehr als tausend erfroren sind.

höörla leck leck leck

suugelen suugelen	schafe kommt, kommt
höörla leck leck leck	höörla leck leck leck
höörla leck leck leck	bloß nicht ersticken, verhungern, verrecken
decht nit	schafe kommt, kommt
drschtickn	höörla leck leck leck
vrhungrn	rundherum glocken
vrreckn	lämmern und grasen
parge völl	und raben, die auf den felsen
suugelen	warten und schnell herunter passen
schallen drumummha	augen auspicken
lompm und groosn	bald darauf der tod
und roppm an felsnen	der schafetod
worchtn und passn	erstickt
gahe draunocha	verhungert
öögn auspickn	von der lawine verschüttet
gaaling dr töet	höörla leck leck leck
suugelastöet	und wieder die not und wieder die not
drschticket	und der tod
vrhungrcht	und die freude
vrleent	etwa ja und so weiter ...
höörla leck leck leck	
und wiidr di nöet	
und dr töet	
und die freede	Anmerkung: „höörla leck leck leck" ist ein typischer,
eppan wöll und asö ...	offenbar nur im Ötztal gebräuchlicher Schaf-Lockruf

93

schaftod

sellamool
sechzig vrleent
sellamool
keemen
di leenen
sall wöll
keemen
di leenen
oaha und hiin
olle hiin
weiß
und scheane dr schnea
mittlat
dr töet
sellamool wöll
und ummedumm
olles lei schnea
sallamool
sallwöll

in solchen zeiten
sind sechzig in den lawinen umgekommen
in solchen zeiten
kommen
die lawinen
herunter und hierher
alles tot
weiß
und schön der schnee
mittendrin
der tod
in solchen zeiten
und rundherum
alles nur schnee
in solchen zeiten
ist es so

VON VERFLUCHTEN ALMEN UND VERSCHWUNDENEN STÄDTEN – SAGEN VON UNTERGANG UND VERÄNDERUNG

Die verfluchte Alm heißt die von Christian Falkner aufgeschriebene Sage über die Kaser im Niedertal. Christian Falkner, in Sölden geboren, war unter anderem viele Jahre als Pfarrer in Thaur tätig. Von ihm stammt die erste umfassende Sagensammlung des Ötztales. Eine vergleichbar umfassende Sammlung der Sagen aus dem Vinschgau einschließlich den Seitentälern stammt vom ehemaligen Lehrer Robert Winkler.
Bei Christian Falkner heißt die Kaser noch Ochsenhütte. Er berichtet:

*Von Vent zwei Stunden im Niedertal drin heißt man es bei der „Ochsenhütte". Es ist eine verlassene Hütte, denn ein Unsegen ruht auf dieser Alm. Das Dach ist schon lange fort und nur die Mauern stehen noch als Zeichen, dass hier einst eine blühende Alm war. Rechts und links türmen sich Felswände, grünes Gletschereis lugt von oben herab. Doch hier bei der Ochsenhütte ist grüner Weideboden. Aber keine Kuh kann hierher getrieben werden, so oft es auch versucht wurde, denn diese Alm ist verflucht. Und das kam so: In uralten Zeiten war hier eine gesegnete Alm, viel Butter und Käse wurden von hier ins Tal hinab getragen. Da kam einmal eine arme Wanderfamilie durchs Tal herauf, wollte übers Niederjoch ins Schnals weiter und ins Vinschgau reisen. Schlechtwetter war eingefallen und da ist's nicht ratsam übers Niederjoch, schon gar nicht mit Weib und Kindern. So bat denn der Vater der Familie beim Oberhirten um eine Unterkunft für die Nacht. Doch der hatte kein Erbarmen, auch nicht die anderen Almleute. Sie verspotteten sogar die armen Häuter, bis endlich der Schäfer sie mit harten Worten vor die Hütte hinausschob: „Bleibt's draußen bei den Schafen und Geißen im Stall!"
Sie mussten frierend und nass in den Schafpferch. Und in der Nacht geschah es, dass die Familie zu den vier Köpfen noch ein Kleines bekam. Trotzdem jagten die Almleute die schwache Mutter samt ihrem Neugeborenen und den anderen Kindern vor die Hütte.
Der Vater verließ mit seiner Familie die harten Leute mit dem Fluch: „So sollt ihr Schäfer bleiben bis zum Gericht Gottes und nie mehr Kuhhirten und Ochsner sein. Das Gras dieser Alm soll kein Rind mehr nähren."
Und der Fluch ging in Erfüllung. Noch im selben Jahre gingen Kühe und Ochsen, bei 40 Stück, an einem schwarzen Brand zugrunde. Ja, das Niedertal ist eine große Schafalm geworden. Bei 2000 Stück weiden dort. Oft aber sieht man die ehemaligen Hirten als traurige Schatten herumschleichen und hört ihr Jammern.* (aus: Sagen und Geschichten aus den Ötztaler Alpen, 1997, S. 122 f.)

Immer wieder dominiert der „Kult-Berg" Similaun den Blick, mit dem Marzellferner, in älteren Überlieferungen auch als „Murzoll" bezeichnet. Dort leben der Sage nach die Saligen Frauen und Fräulein in ihren eisigen Kristallpalästen.

© H. Haid

Es ist anzunehmen, dass diese „Ochsenalm", heute Kaser genannt (die jedoch nicht zwei, sondern nur eine Stunde von Vent taleinwärts im Niedertal liegt), Opfer der Kleinen Eiszeit oder einer noch viel früheren Klimaverschlechterung wurde und seither nicht mehr als Kuh- und Ochsenalm, sondern nur mehr als Schafalm nutzbar war. Reste der alten Hütten sind heute noch erkennbar.

Onanä, Tanneneh und Dananä

In anderen Sagen, wie z. B. in den bekannten Blümlisalp-Sagen der Schweiz oder der Sage von der Übergossenen Alm im Salzburger Land, hören und lesen wir in vielen Varianten immer wieder von untergegangenen Almen. Mehrere dieser Sagen spielen hier in den Ötztaler Alpen im unmittelbaren Bereich der Schafwege; im Bereich des Großen Gurgler Ferners, des Vernagtferners, des Langtauferer Ferners und des Grafferners. Unter diesen noch immer existierenden Gletschern liegen der Sage nach die untergegangenen Städte namens Onanä, Tanneneh und Dananä. Diese Städte, reich und golden, glitzernd und prächtig, sollen einst dort gewesen sein, wo sich jetzt die Gletscher ausbreiten. Die Ursachen ihres Verschwindens wurden in lasterhafter Lebensweise, in Vergeudung kostbarer Güter der Natur, in Frevel, Geiz, Gottlosigkeit, ja sogar in der Sodomie gesucht. Wie bei der Sage „Die verfluchte Alm" wird auch in TANNENEH ein armer Bettler abgewiesen. Darauf erfolgt der Fluch: *„Tanneneh Tanneneh, s'macht an Schnee, der apert nimmermeh!"*

Gemäß der volkstümlichen Glaubensvorstellung musste es so kommen, wie es kam: *„Da fing es an zu schneien und schneite fort so viel Tage und Nächte, bis die reiche schöne Stadt samt ihren hartherzigen, gottlosen Bewohnern tief unter einem Ferner begraben lag."*

Im Zuge der Sammlungen für das Buch „Sagen und Geschichten aus den Ötztaler Alpen" (1997) habe ich die Südtiroler Varianten dieser Sage gefunden: ONANÄ und DANANÄ, beide in der Sammlung von Robert Winkler *„Volkssagen aus dem Vinschgau"*. Sie sind jetzt alle gemeinsam in *„Sagen und Geschichten aus den Ötztaler Alpen"* (S. 218 ff.) nachlesbar. Auch bei der Stadt ONANÄ, die unter den weiten Gletscherflächen des Langtauferer Ferners angesiedelt wird, geht es um das Abweisen eines Bettlers und um dessen Fluch: *„Stadt Onanä, weh dir weh! Es schneiet Schnee und apert nimmermeh."*

Auch in diesem Fall ging der Fluch in Erfüllung. Die ehemals reiche, goldene Stadt verschwand unter dem Gletscher und *„zuweilen soll sich sogar noch der Stadtturm aus dem Eise erheben"*.

Die erzählerisch reichste und dramatisch besonders farbig ausgestattete Sage handelt von der Stadt DANANÄ. Diese soll unter dem jetzigen

Ein besonderer Kultplatz ist dieser Stein bei der Kaser. Unter ihm fließt ein kleiner Bach. © H. HAID

Vernagtferner liegen; oder – in einer Schnalser Variante – unter dem Grafferner. Auch sie war eine glänzende und überaus prachtvolle Stadt: *„… auf einer weiten, üppig grünenden Hochebene, die nur im Norden von den steil abfallenden Kristallwänden der Ötztaler Gletscher, im Süden aber von sanften, anmutigen Rebhügeln begrenzt war, ragten stolz und gebieterisch ihre prächtigen Mauern und Türme empor, die aus schneeweißem Laaser Marmor gehauen waren und mit ihren vergoldeten Toren und Zinnen die Macht und den Reichtum ihrer Bewohner verkündeten.*

Diese waren jedoch ein in alle Laster und Greuel des Heidentums versunkenes Volk: Beherrscht von einem König, wild und gewalttätig wie sie selber, führten sie, wie einst die bestraften Sodomiten, ein wüstes Leben."

Es kam aber nicht ein armer Bettler zu ihnen, sondern *„ein Mann von hoher ehrfurchtgebietender Gestalt"* mitsamt seiner Tochter. Sie wollten das gottlose Stadtvolk von Dananä zur Umkehr bewegen, durch Ermahnungen und fromme Gesänge. Die schöne Jungfrau hat gesungen. Der Alte hat auf seiner Harfe gespielt.

„Doch die Wüstlinge hatten kein Verständnis für die heiligen Lieder, und alle wollten sich auf die beiden werfen. Darüber entstand ein heftiger Streit unter dem Volke und hundert wüste Hände streckten sich aus nach Vater und Tochter. Der Greis schauderte und die Jungfrau verhüllte entsetzt ihr Antlitz. In diesem Augenblick brach aber die Stunde der Vergeltung herein. Mit düsteren Wolken umzog sich der Himmel, ein schreckliches Getöse ließ sich vernehmen, und im ununterbrochenen Leuchten der Blitze wurde die riesige Gestalt der zürnenden Bergfee sichtbar, und ihre Geisterstimme übertönte das Brausen des Sturmwindes und das unheimliche Krachen des Donners:
Dananä Dananä
weh dir weh
schneib zu und
aper nimmermehr
So rief sie unerbittlich – und, wie Bettflaumen so dicht, fiel der Schnee vom Himmel, und die Ötztaler Gletscher schoben sich vor und begruben unter ihren Eismassen die stolze Stadt und ihre sündhaften Bewohner."

Die liebliche, singende Tochter wandelt sich in dieser Sage zur SALIGEN, zur drohenden, rächenden und zerstörenden Gestalt. Unzucht und Unrecht müssen gesühnt werden. Die Stadt geht zugrunde.

Alle drei Ötztaler Sagen von Tanneneh, Onanä und Dananä erinnern in der Lebendigkeit der Schilderungen an Passagen in der APOKALYPSE des heiligen Johannes. Wir dürfen davon ausgehen, dass sowohl der Pfarrer Christian Falkner als auch der Lehrer Robert Winkler die Apokalypse gekannt haben. Die Vermutung liegt daher nahe, dass Bilder der Apokalypse Einfluss auf das Aufzeichnen der gesammelten Sagen nahmen.

Auf den Spuren der Sagen in die Vor- und Frühgeschichte

Es kann angenommen werden, dass sich unter den genannten Gletschern nicht unbedingt goldene, reiche und lasterhafte Städte befunden haben, sondern höchstwahrscheinlich Almdörfer, kleine Siedlungen.

Wann könnten diese Siedlungen zugrunde gegangen sein? Wann mussten sie – vielleicht klimabedingt – aufgegeben werden?

Die Spur führt weit zurück in die frühe Kupferzeit, und noch weiter in die Jungsteinzeit. Also etwa 5300 bis 5500 Jahre zurück und somit in die Zeit zwischen 2300 bis 2500 vor Christus.

Das wäre ident mit der Zeit des ÖTZI. Durch Bohrkernuntersuchungen aus Tiefenbohrungen weiß man heute, dass sich in dieser Zeit das Klima veränderte, mit weitreichenden Folgen für den Menschen: *„Vor 5500 Jahren änderte ein Klimawandel die Menschheitsgeschichte ... In den Anden wie in Afrika gingen etwa zur gleichen Zeit alte Siedlungen* *zugrunde, während in Ägypten und Mesopotamien frühe Hochkulturen entstanden."* (GEOkompakt Wetter und Klima Nr. 9, 2006, S. 21)

Vor ca. 5200 bis 5600 Jahren hatte eine folgenschwere Abkühlung eingesetzt. Diese haben Forscher am Beispiel von Pflanzen nachweisen können, die vor mehr als fünf Jahrtausenden vom Eis begraben und somit konserviert worden waren. Diese Abkühlung führte auch zu einer starken Vergletscherung. Und damit, so kann geschlossen werden, mussten auch Almen aufgelassen werden, ja sie wurden teilweise unter Gletschern begraben. Auf diesen ehemaligen Almen gab es Hütten und andere Behausungen, vielleicht sogar kleine Almdörfer.

Einen weiteren, sehr aktuellen und eindrucksvollen Hinweis auf diese Zusammenhänge erhielten wir speziell ab dem Jahre 2003 und dann wieder von 2007. Beim überaus dramatischen Rückgang der Gletscher wurden an den Gletscherrändern immer wieder Holzreste freigelegt. Das lässt den Rückschluss zu, dass sich im Zeitraum des Gletscherwachstums die Baumgrenze bis hinauf in Höhen von 2500 und 2600 Metern befunden hat.

Im Klimawandel vor 5300 bis 5600 Jahren und seinen Auswirkungen in den Ötztaler Alpen könnte also eine Ursache für den Untergang der Almsiedlungen und damit der Entstehung der Sagen liegen. In der Sage werden aus den kleinen Almsiedlungen glänzende und reiche Städte. Ihr Untergang wird der Sündhaftigkeit und der Lasterhaftigkeit zugeschrieben. So könnte es geschehen sein: Das Volk hat für die unerklärbaren und vor allem nicht abwendbaren Geschehnisse des offenbar dramatischen Klimawandels eine Erklärung gesucht.

Es ist inzwischen durch internationale Forschungen glaubhaft belegt, dass die wichtigen Bergnamen dieser Region, wie Similaun, Mutmal, Firmisan, Ramol, Finail usw., präindoeuropäischen Ursprungs sind, was wiederum die Altersdatierung bestätigen würde.

Seit dieser Zeit gab es immer wieder Perioden starker Abkühlung, aber auch Perioden starker Erwärmung. Bekannt ist die KLEINE EISZEIT, die in diesem Teil der Alpen von ca. 1590 bis ca. 1850 dauerte und eine teilweise radikale Verschlechterung des Klimas und ein bedrohliches Anwachsen der Ferner brachte und damit auch viele Probleme für die Beweidung.

Das bedrohliche Anwachsen der Ferner mitsamt den AUSBRÜCHEN DER FERNERSEEN von 1600, 1678, 1717, 1845 und 1848 bezeugen die Längenfelder Franz Stippler, Benedikt und Johann Kuen in ihren überlieferten Dokumenten.

Der „Ötzi", der „Mann im Eis", wie er am 21. September 1991 von Gerlinde Haid fotografiert wurde © G. HAID

Die Schnalser Chronik

Ein weiterer Zeuge ist der Geistliche Joseph Ladurner aus dem Kloster Stams, der 1821 die Schnalser Chronik unter dem Titel „*Der Verbotene Steig*" verfasst hat, eine „*topographisch-historische Beschreibung des Thales Schnals*". Darin befindet sich auch ein Kapitel über Vent. Der Schnalser Architekt Siegfried Gurschler hat mich auf diese Handschrift aufmerksam gemacht und hat mir einen Teil davon in transkribierter Form übergeben. Ich habe im Kloster Stams nachgeforscht und dort das Original der Handschrift in zwei Bänden gefunden. Im zweiten Band befindet sich ein Aquarell vom Schnalstal sowie vom dazugehörigen Vent samt Rofen. Die Beschreibung von Vent und Rofen umfasst fast 50 Seiten und beinhaltet ein Kapitel „Vent im Sommer", eines über „Vent im Winter" sowie eines über „Sitte und Charakter". Ausdrücklich erwähnt sind der Schaftrieb und die Urkunde über die Rechtsverhältnisse aus dem Jahre 1415 (siehe Seite 28/29). Ladurner berichtet auch davon, dass um 1600 die Gletscher angewachsen wären und damit der Übertrieb der Schafe erschwert wurde. Auch in anderen Schriften lesen wir von den Folgen der sogenannten Kleinen Eiszeit für die Schaftriebe.

Die Chronik von Franz Stippler

Die Chronik von Franz Stippler aus dem Jahre 1762 hat Werner Kopp in seiner umfangreichen Dokumentation „*Ischt der Sindfluß g'wößen – Gletscherseeausbrüche, Murabgänge und andere Naturkatastrophen im Ötztal seit Anno 1296 bis heute*" im Jahre 2001 zur Gänze samt neuzeitlicher Übertragung veröffentlicht.

Die Chroniken von Benedikt und Johann Kuen über die Geschehnisse von 1600 bis ca. 1722 habe ich im Jahre 1970 in der Zeitschrift „*Tiroler Heimatblätter*" im Sonderheft „*Ötztal*" (Heft 10/12) mit weiteren Berichten, unter anderem von Venerand Kuen, ergänzt. Die Kuen-Chronik beginnt folgendermaßen: „*1. Ist zu wissen, dass anno 1600, wie man von unseren Voreltern gehört, der große Ferner hinter Rofen – wie gemeldt – nachdem derselbe sich seiner natürlichen Gewohnheit nach in das Thal herunter gesetzt, an Pfinstag vor Jakobi obgemeldten Jahrs ausgebrochen, durch das Ötztal hinaus großen Schaden gethan, die Wege und Straßen ruiniert, und alle Brücken hinweggenommen ...*"

Mit dem dramatischen und überaus schnellen Vorstoß der Gletscher war zugleich auch das Sinken der Schneefallgrenze, das Herabsinken der Waldgrenze sowie allgemein eine merkbare Abkühlung zu bemerken.

Mehrfach wird aus dieser Zeit berichtet, dass der Übergang über die wilden Gletscher kaum mehr möglich war und dass die Schnalser ihre Schafherden nur bis unter das Joch begleiteten und sie dann die Schafe allein über Eis und Ferner ins Ötztal gehen ließen.

Inwieweit das stimmt, lässt sich heute nicht mehr verifizieren. Sicher ist nur, dass alle Chroniken von den Schaftrieben berichten.

BERGMANDLN UND SALIGE FRAUEN HELFEN BEIM HÜTEN UND RÄCHEN DIE UNTREUE

In der Sage DAS EIFERSÜCHTIGE BERGMANDL wird von einem der kleinen Männlein berichtet, wie sie vielfach in Alpensagen zu finden sind, an manchen Orten auch als Nörggelen oder als Venedigermännlein. Dieses Bergmandl hatte sich in die Tochter des Rofenhofes verliebt. Die Sage berichtet, dass das Mädchen droben am Berg die Schafe gehütet hat. *„Da gesellte sich manchmal ein kleines putziges Mandl zu dem Mädchen, das gar freundlich mit ihm plauderte, Geschichten und Mährlein erzählte und dem Hirtenmädchen beim Hüten und Schafesuchen half, wo es nur konnte."* Dann aber heiratete die Rofner-Tochter einen anderen, was das Bergmandl kaum verkraften konnte. Er wurde eifersüchtig und böse: *„Da schäumte in dem Zwerg wilde Eifersucht auf. Er wurde von nun an zu einem furchtbaren Plagegeist auf der Alm der Rofner. Oft verjagte das Mandl das Vieh schon zur Mittagszeit von der Weide, trieb auch im Stall des Rofners allerlei Unfug, legte Feuer an das eingebrachte Heu und war durch keine Gewalt zu bändigen, zu vertreiben oder zu fangen."* (aus: Sagen und Geschichten aus den Ötztaler Alpen, S. 111 f.)

Die Sage legt eine Weidenutzung der Rofner nahe. Es ist zunächst kaum vorstellbar, dass dort oben auf über 2400 Meter Höhe im Herbst noch Weide zu finden ist für eine Herde von Schafen und Ziegen. Die Schnalser und die Südtiroler Schafe haben im Sommer den Berg beweidet, aber ihn nicht kahl gefressen. Es war ein altes Recht der Bauern aus Vent, dass sie nach dem um Mitte September erfolgten Schaftrieb ihr eigenes Kleinvieh auf einige Weiden der Schnalser treiben durften. Das ist so niedergeschrieben im Jahre 1415 und wiederum im Jahre 1886 und wiederum im Jahre 1928.

DER ZWERG VOM NIEDERJOCH

In einer weiteren Sage, die von Lucillo Merci (Volkssagen aus Südtirol, 1981) dokumentiert ist, lesen wir von einem Hirten, der mit Schafen im Tisental und Niedertal unterwegs war.

Seite 102/103:
Auf den weiten Schnee- und Gletscherflächen unterhalb des Niederjochs © M. GAMBICORTI

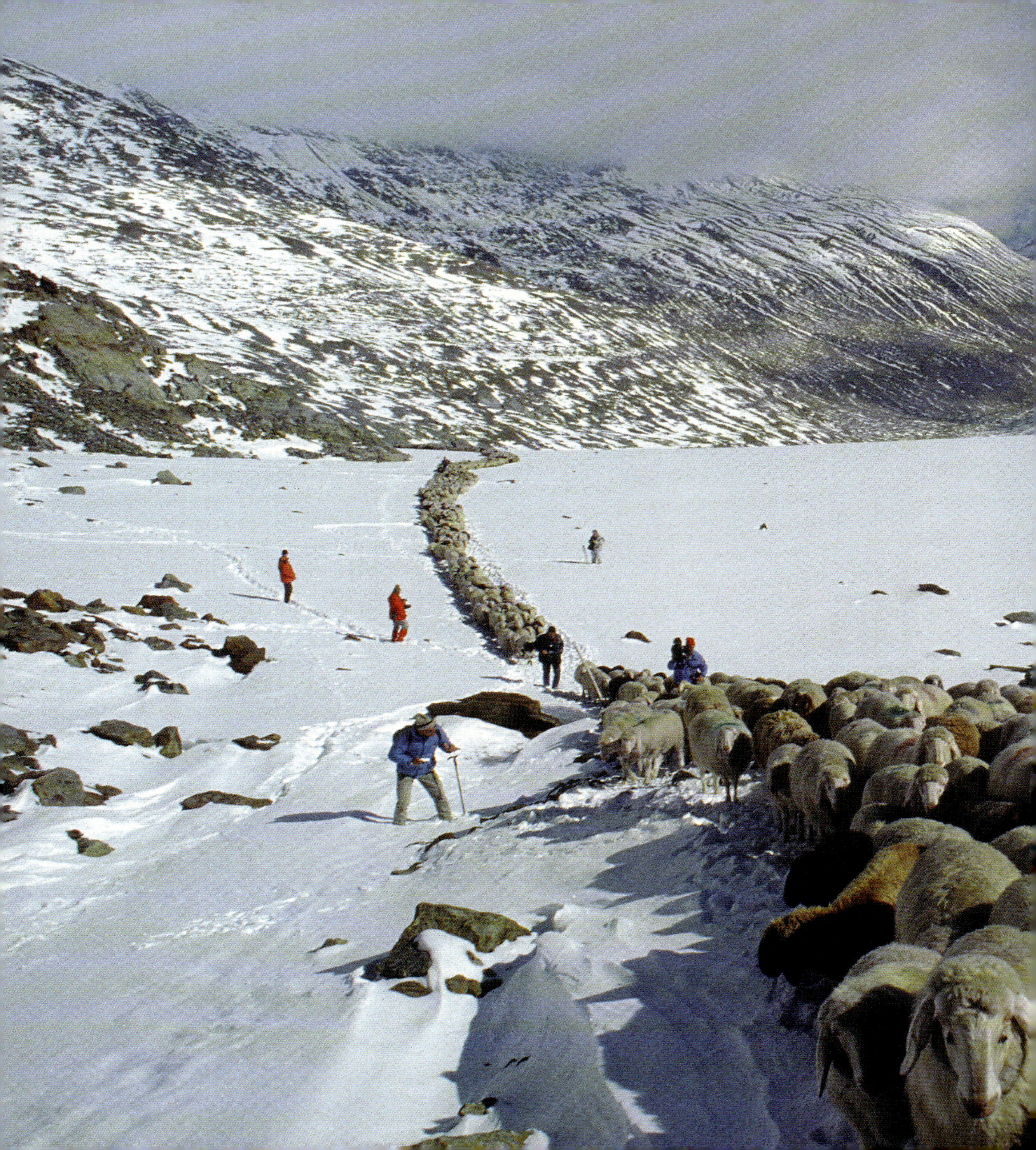

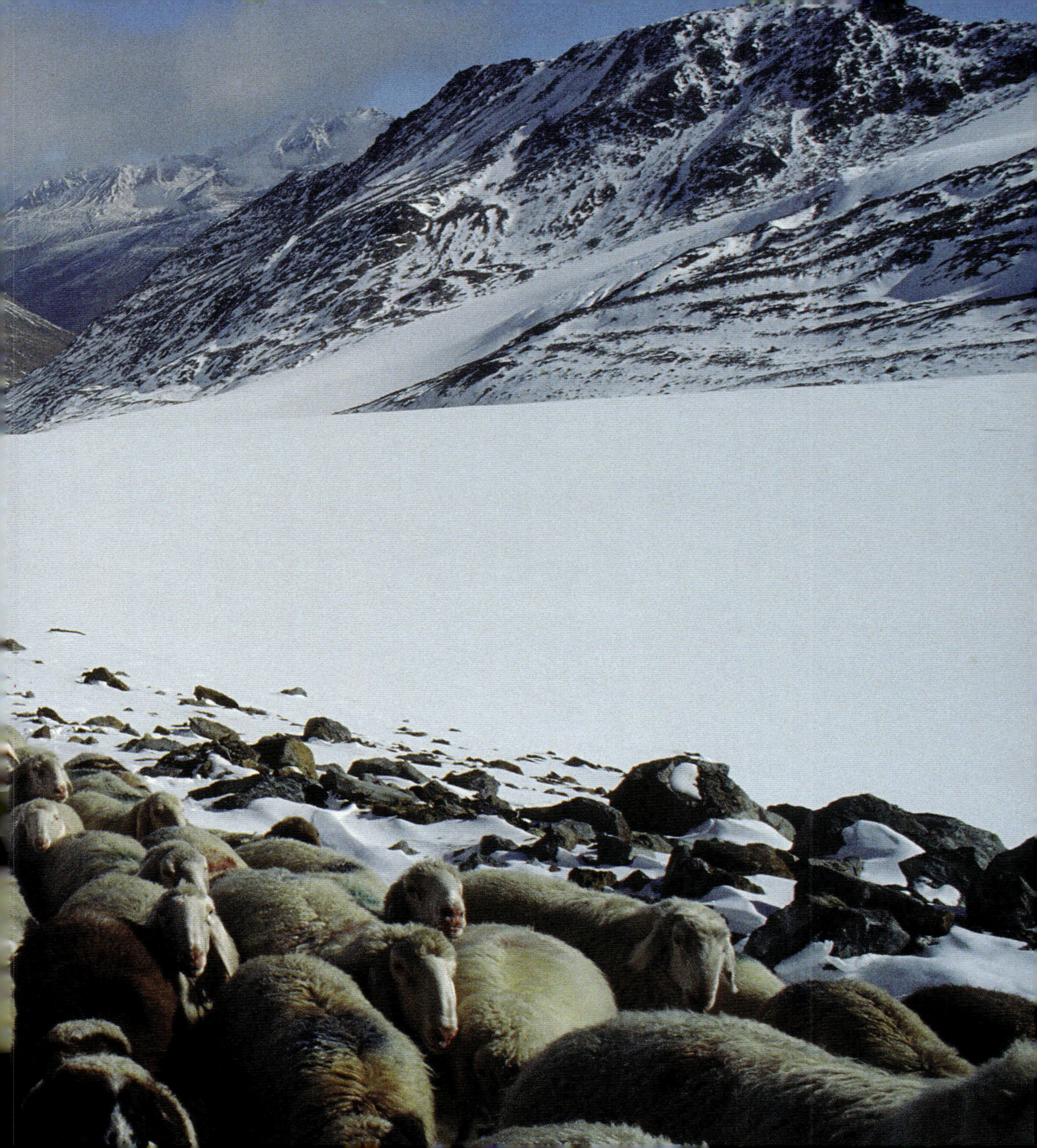

DER ZWERG VOM NIEDERJOCH heißt diese Sage, die ebenfalls in *„Sagen und Geschichten aus den Ötztaler Alpen"* (S. 209 f.) nachgelesen werden kann.

„Fridolin, ein junger Hirt aus dem Schnalstal, musste einst den Niederjocher Ferner überqueren, um ins Venter Tal zu gelangen. Er wurde jedoch von einem fürchterlichen Schneesturm überrascht und suchte unter der Schwarzwand eine Zuflucht. Er erlebte schreckliche Stunden. Der Sturm wirbelte frischen Schnee auf und jagte ihn in jeden Felsenspalt. Fridolin drohte zu ersticken.

Als die Gefahr am ärgsten war, trat ein Eismandl auf und sprach: ‚Hab keine Furcht, Fridolin! Ich will dich gegen den Sturm beschützen und dich auf unsichtbaren Wegen bis an die Waldgrenze führen; vergiss jedoch nicht, was dir das Eismandl sagt. Du bist jung, versprich, dass du zeit deines Lebens, und sollte es dich auch schwere Opfer kosten, dein Wort und deine Treue halten wirst.'

Fridolin zitterte vor Kälte und Furcht. Er dankte dem Eismandl und schwor hoch und heilig, immer seinem Wort treu zu bleiben."

Dann geschah es, dass sich Fridolin *„in eine junge, arme Magd, die bei einem Bauern zu Vernagt in Dienst stand"*, verliebte und dass er ihr die Heirat versprach.

„Allerdings hatte auch Paula, die Tochter eines reichen Bauern aus Karthaus, ihren Blick auf den jungen, bildhübschen Fridolin geworfen … Fridolin blieb vor dem Werben der reichen Bauerntochter nicht gleichgültig. Er verließ die arme Martha und nahm die reiche Paula zur Frau.

Die verlassene Braut erwartete den Untreuen in Karthaus, nicht weit vom Hof seines Schwiegervaters, schrie ihm ihre Verwünschung ins Gesicht und mahnte ihn an seinen Treueverspruch. Die Strafe sollte ihn an derselben Stelle treffen, wo ihn vor Jahren das Eismandl an der Schwarzwand vom sicheren Tod errettet hatte. Dort musste er im nächsten Sommer wieder mit seinen Schafen vorbeiziehen, wenn er sie (wie es auch heute noch geschieht), auf die Hochalmen … treibt.

Ende Juni beschloss das junge Paar, nach Vent zu wandern, um Paulas Verwandte zu besuchen, die Fridolin noch nicht kannte. An einem schönen Sonnentag erreichten sie Unser Frau zu Schnals, wichen Vernagt aus, wo Martha lebte, und kletterten dann den steilen Pfad zum Similaun empor, der sie über den Niederjocher Ferner nach Vent führen sollte …

Plötzlich ballten sich schwarze Wolken zusammen, ein fürchterlicher Schneesturm brach los. Fridolin und Paula rannten über den vereisten Pfad, der fast nicht mehr im Schneegestöber zu erkennen war. Sie flüchteten unter die Schwarzwand, genau dort, wo sich Fridolin vor Jahren vor einem ähnlichen Schneesturm gerettet hatte. Da sah der junge Ehemann zu seinem furchtbaren Schrecken seine ehemalige Verlobte vor ihm aufstehen. Sie hatte dort auf ihn gewartet und kannte sein Geheimnis. Fridolin wusste allerdings nicht, dass kurz zuvor das Eismandl der verlassenen Jungfrau erschienen war und gesprochen hatte: ‚Das war mein mahnend Wort, dass im Eis des Treubruchs Rächer harrt.'

Fridolin war vor Angst wie gelähmt, Paula klammerte sich schluchzend an seinen Hals. Schon tobte der Schneesturm über die beiden jungen Menschen her. Sie wurden in die Gletscherspalte der Schwarzwand gejagt und starben dort eng umschlungen einen einsamen Tod.

Als die Sonne wieder strahlte, fanden die Eismandln Martha erstarrt zu Füßen der Eiswand sitzen. Sie hoben das arme Mädchen zu viert und beerdigten es im Friedhof zu Unser Lieben Frau gegenüber den Gletschern."

Die drei wilden Fräulein am Ferner

Mehrfach wird in den Ötztaler Sagen das Verschwinden eines jungen Mannes, eines Hirten geschildert. Es ist zumeist der Hirt oder der Jäger, der zu den SALIGEN in ihren geheimnisvollen Kristallpalast vordringen kann, dort eingelassen und bewirtet wird. Immer muss der Hirt oder Jäger hoch und heilig versprechen, nicht nach dem Wild zu jagen, vor allem nicht nach der Gämse, und das Geheimnis der Saligen zu wahren. So auch in der von Christian Falkner überlieferten Sage DIE DREI WILDEN FRÄULEIN AM FERNER (Sagen und Geschichten aus den Ötztaler Alpen, S. 106 ff.).

„Am Fernerrand lebten einst drei wilde Fräulein. Sie wohnten in einem unterirdischen Palast, der durch eine gemeinsame Felsgrotte zugänglich war. Die Gämsen waren ihre Haustiere; sie fütterten sie, tränkten und pflegten sie und schützten sie gegen die Jäger. Gegen die Leute waren sie freundlich, kamen zu ihnen in liebenswürdiger Gestalt und gaben ihnen allerlei weise Ratschläge.
Ein junger Hirt kochte einmal vor dem Eingang in ihren Palast sein Mittagessen. Als er fertig war, stand er auf und wollte beten. Dabei schüttelte er durch Unvorsichtigkeit die Nudeln in den Schmutz. Als er ganz traurig dastand, sah er auf einmal vor sich ein wildes Fräulein stehen. Die gab ihm eine andere, bessere Speise für die verschüttete. Nach dem Essen nahm sie den Hirten bei der Hand und führte ihn durch die Grotte in den Berg hinein. Wie staunte da der arme Hirt! Wie da alles glänzte und glitzerte von Gold und Silber und Edelstein. Die beiden Schwestern seiner Führerin kamen ihm sehr freundlich entgegen. Sie sangen wunderbare Lieder, sie stellten ihm die feinsten Speisen vor, wie er zuvor nie gesehen und gekostet hatte. Auch sagten sie ihm, er könne von nun an kommen, so oft er wolle, doch dürfe er nie einem Menschen auch nur ein Sterbenswörtlein davon erzählen und niemals Gamsjäger werden. Jahrelang hütete der Bub sein schönes Geheimnis; er kam oft zu seinen Freundinnen in den Bergpalast und ergötzte sich dort. Aber einmal entschlüpfte ihm das Geheimnis im Gespräch mit seinem Vater. Er bereute es sofort. Doch es war zu spät. Als er am nächsten Morgen zur Grotte kam, war sie fest verschlossen. Wie er auch flehte und bat, es blieb alles still und steinern stumm. Er magerte von nun ab vor Schmerz und Sehnsucht. Als er einmal sein Gewehr auf einen schönen Bock abdrückte, stand auf einmal ein wildes Fräulein in verklärter Schönheit neben dem verfolgten Tier. Sie warf ihm einen zürnenden Blick zu. Er schwindelte und stürzte geblendet vom Glanze der Erscheinung in den schaurigen Abgrund."

Die Eismandln oder Eiszwerge

Mehrfach in den Sagen stehen auch die kleinen Männlein, in einigen Sagen als NIEDERJÖCHLER bezeichnet, den Hirten oder der Hirtin bei und helfen beim Zusammentreiben der Tiere.
In Lucillo Mercis Sagensammlung findet sich eine Beschreibung dieser Berg- oder Eismandln (Volkssagen aus Südtirol, Calliano 1981).
„Die Eismandln oder Eiszwerge sind kaum eine Spanne groß, haben jedoch übernatürliche Kräfte. Sie können sich in Riesen und Menschen verwandeln und auch in Tiergestalt als Bär, Wolf, Luchs und Fuchs auftreten.

Sie verschieben die Ferner (somit will das Volk die Gletscherbewegungen erklären), lassen sie donnern und brüllen. Sie verursachen Schnee und Hagelwetter, lösen Lawinen, rufen Schneestürme herbei, schreiten ruhig darin weiter oder schützen sich unter Schneedächern, die sie mit einem Zauberspruch errichten.

Die Eismandln sehen wie Greise aus. Sie haben langes, weißes Haar, ihr Bart reicht bis zur Erde nieder; ihre blauen Augen blicken traurig. Sie tragen einen graugrünen Anzug; ein breitkrempiger Hut beschattet ihr faltiges Angesicht.

Sie hausen unter einer dichten Eisschicht, ihre Eishöhlen sind durch lange Gänge mit denen anderer Eiszwerge verbunden. In den Eislabyrinthen bewegen sich die Mandln mühelos und behüten verborgene Schätze.

Im Freien sitzen sie gern auf den Gipfeln oder Felsvorsprüngen an der warmen Sonne und bewundern die sagenhafte Eislandschaft mit ihren Fernern und Eiswänden, den Firnfeldern und vielfältigen Gletscherspalten, den scharfgezeichneten Graten und den Gletscherzungen, den Moränen und Lawinen.

Sie errichten selbst Eistürme, Kuppeln und Eiszapfen. Oft bewirken sie Nebel und Sturmwolken und breiten sie pustend über die Ferner aus. Sie lösen donnernde Lawinen und bauen die gefährlichen Gletscherbrücken, welche die Spalten unsichtbar machen.

Wie die Saligen und die Waldfeen sind auch die Eiszwerge meist gut und großzügig. Sie gelten als Beschützer der Unschuld und Treue, bestrafen jedoch die Verbrecher und die Bösen gar hart. Flüchtet ein Mensch, der eine schwere Schuld auf sich geladen hat, in ihr Eisreich, so entfesseln sie einen Schneesturm und schleudern den Unglücklichen von einer Gletscherbrücke in einen tiefen Gletscherspalt, wo er den weißen Tod, die kalte Pein der Legende, erleiden muss. Den Guten gegenüber sind sie hilfsbereit und freundlich."

Es ist eine reiche Natur- und Kulturlandschaft, in die seit Jahrtausenden die Schafherden aus Südtirol auf die Weiden im hinteren Ötztal getrieben werden. Rundum sind die Berge und Gletscher belebt von diesen sagenhaften Gestalten.

Jetzt gilt es, den wahren Kern dieser Überlieferungen zu finden: vielleicht als Erinnerung an eine Zeit noch lange vor dem Ötzi, hineinreichend in einen schier unglaublichen Zeitraum von 10.000 Jahren.

SCHÄFERHÜTTEN, SALZLAGER, SCHALENSTEINE UND MENHIRE: UR- UND FRÜHGESCHICHTLICHE ZEUGNISSE AUF 2200 METER UND DARÜBER

Wenn man sich der Mühe unterzieht, möglichst alle Schäferhütten und Salz-Lagerplätze im Bereich der Transhumanz in den Ötztaler Alpen herauszufinden, wird man ganz neue, tiefgehende kulturelle Zusammenhänge entdecken. Teilweise finden sich Hinweise auf SCHÄFERHÜTTEN in der frühen touristischen Literatur zur Region. THEODOR PETERSEN aus Frankfurt, einer der ersten und besten Kenner der Ötztaler Alpen und Erstbegeher einiger Gipfel, notiert 1876 in seiner Schrift „Oetzthaler Alpen" (München 1876): *„Wir stiegen von Vent in nordwestlicher Richtung über ziemlich steile Halden und Schafweiden zu einer alten Schäferhütte empor und rasteten daselbst einen Augenblick, um die prachtvolle Gebirgswelt nach Osten und Süden, in welcher Richtung die wohlbekannten stolzen Gipfel in der Umgebung des Niedertales einer nach dem anderen in Sicht gekommen waren, zu betrachten ..."*

In der gleichen Schrift wird auch auch eine Schäferhütte „am Platteiberge" erwähnt. Der bekannte Alpinist FRIEDRICH SIMONY hat sie in einem prachtvollen Panorama im Jahre 1863 im ersten Heft der „Mitteilungen des Oesterreichischen Alpenvereins" gezeichnet.

KARL SONKLAR, wie Petersen ein prominenter Erschließer der Ötztaler und Stubaier Bergwelt, notiert in seiner Abhandlung „Die Oetzthaler Gebirgsgruppe" (Gotha 1861): *„Bei der Samoarhütte, einer verfallenen Hirtenwohnung, auf dem Weg zum Niederjoch ..."*

Und G. HOLZMÜLLER, ein weiterer Erforscher der Berg- und Gletscherwelt, schreibt in seiner Abhandlung „Berg-, Thal- und Gletscherfahrten im Gebiet der Oetzthaler Ferner" (Berlin 1871): *„Das Verweilen an derselben ist umso leichter, als sich dicht bei dem Ausgange des Gletschers am linken Thalufer eine Schäferhütte befindet. Der hier wohnende Hirt kann den Fremden nicht nur mit Milch und Brod, sondern auch mit einem guten Rothwein bewirten ..."*

Es müsste sich dabei um die Hütte am Rofenberg handeln, damals ganz nahe an den Fernern, dem Hochjochferner und dem Hintereisferner gelegen.

Sicher bestand an der heutigen KASER IM NIEDERTAL in früheren Jahrhunderten auch eine Hirtenunterkunft. Nach wie vor besteht die Schäferhütte auf dem Weg von der Kaser zur Martin-Busch-Hütte. Nachweisbar ist ebenfalls eine Schäferhütte an der Stelle der alten SAMOARHÜTTE. Eine weitere Schäferhütte befand sich bei der späteren BRIZZIHÜTTE, weit oberhalb am Soom.

Die von Friedrich Simony gezeichnete und 1863 publizierte Ansicht der Hütte auf dem Platteiberg im Rofental (vgl. Seite 107). © Ötztal-Archiv

Die Bedeutung der heutigen MARTIN-BUSCH-HÜTTE (früher und noch immer bei den Einheimischen „Samoarhütte") als Station auf dem Schafweg ist in vielen Verträgen und Vereinbarungen, immer wieder in Bezug auf die Urkunde von 1415 (siehe Seite 27ff.), dokumentiert. Das Grundbuch des Bezirksgerichts Silz regelt alle Rechte und Pflichten in diesem Zusammenhang. So ist die Hütte u. a. dazu verpflichtet, den Schnalsern während des Übertriebs Nachtquartier zu gewähren und sie zu verpflegen.

Im ROFENTAL bzw. am Rofenberg sind Schäferhütten nachweisbar, unter anderem auch dort, wo sich jetzt die Schäferhütte unterhalb des HOCHJOCHHOSPIZES befindet. Es gibt auch Nachrichten, es hätte sich eine alte Schäferhütte dort befunden, wo später Benedikt Klotz, einer der berühmten Bergführer-Brüder neben Nikodem und Leander, der „Klötze" von Rofen, die „Klotzhütte" gebaut hat, ein Vorgänger des alten Hochjochhospizes. Wir wissen auch von einer Schäferhütte auf PLATTEI, die vor allem dann höchst notwendig war, wenn dem großen Vernagtferner über Plattei hinweg ausgewichen werden musste.

Auf Südtiroler Seite sind mehrere Schäferhütten nachgewiesen, eine zum Beispiel auf dem Weg vom Gurschlhof ins PFOSSENTAL und eine weitere höchstwahrscheinlich zuhinterst im Pfossental. Weitere Schäferhütten lassen sich im Bereich SCHNALSTAL noch heute aufspüren. Einige davon sind in Detailkarten mit dem Vermerk „verf.", also „verfallen" angegeben.

Auf Gurgler Seite bestehen gegenwärtig und sind in Funktion die Schäferhütten der ANGERER ALM („bewohnt" vom Pseirer Schäfer Toni „Tonl" Pichler), der GURGLER ALM („bewohnt" vom Pseirer Schäfer Alfons Gufler) und AUF SOOM. Vor dem drohenden Verfall gerettet wird ab 2008 eine aufgelassene Schäferhütte AM KIPPELE oberhalb der urgeschichtlichen Fundstätte „Am Beilstein".

URALTE KULT- UND KULTURPLÄTZE

Ähnliches wie von den Schäferhütten gilt von den SALZLAGERN, die sich zumeist unter großen Steinplatten wie z. B. bei der Kaser und bei der Rofenberghütte befinden. Zur genaueren Dokumentation müsste gemeinsam mit den erfahrenen und kundigen Schäfern diesbezüglich nachgeforscht und eine entsprechende Karte erstellt werden.

Auffallend ist jedenfalls, dass sich genau auf den alten Wegen der Transhumanz die wichtigsten Funde der Ur- und Frühgeschichte befinden: SCHALENSTEINE, MENHIRE, STEINKREISE. Im Bereich des Schnalstales hat der Wanderführer

Ein provisorischer Unterstand für den Hirten (oben) und zwei Salzlager bzw. Futterstellen am Rofenberg (unten) sowie bei der Kaser im Niedertal (Mitte) © H. HAID

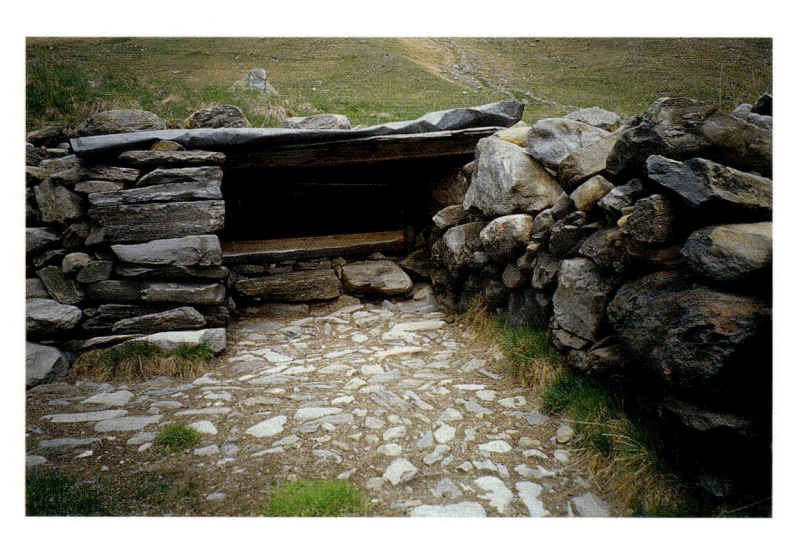

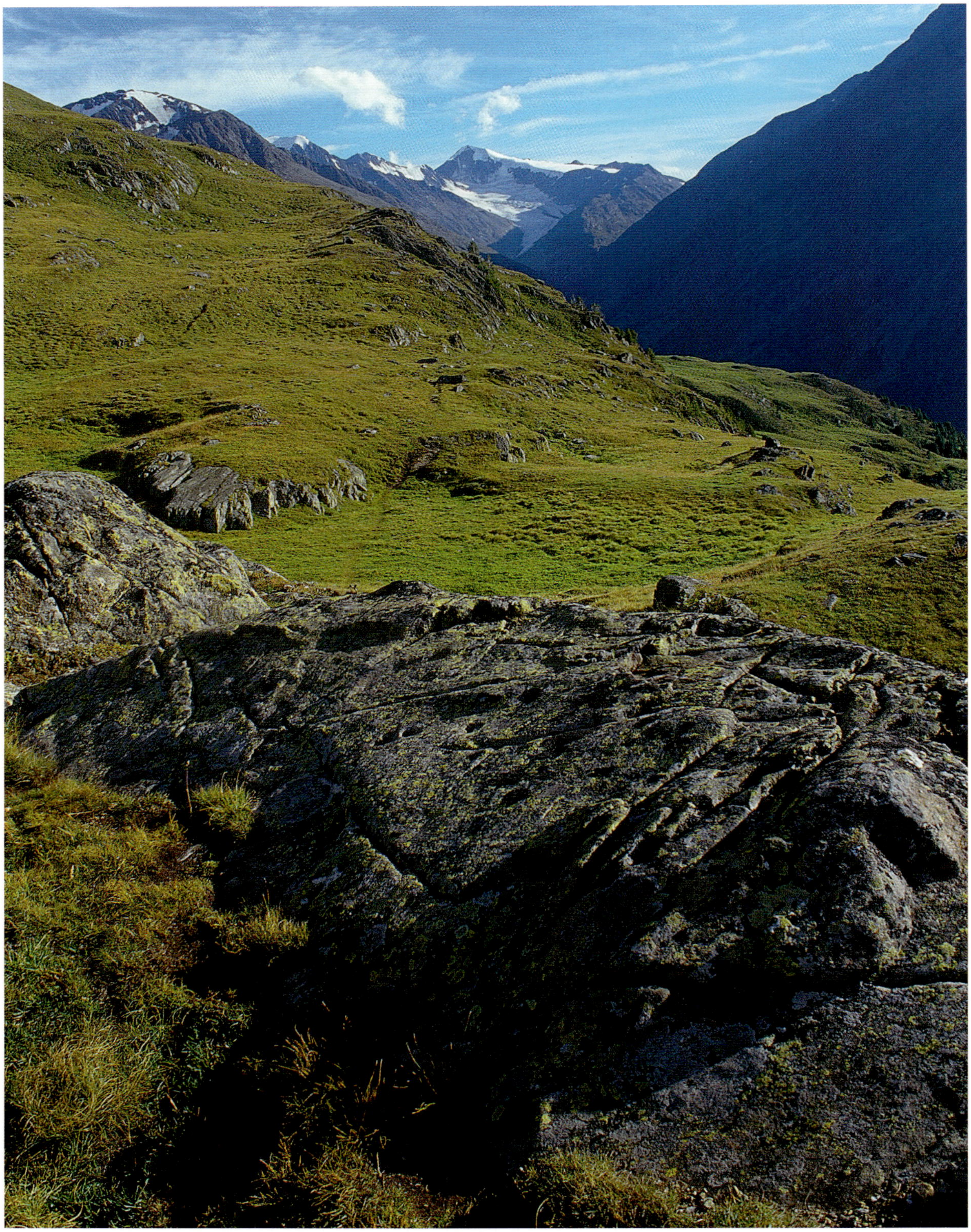

und Künstler Hansi Platzgummer aus Vernagt zahlreiche Hinweise auf diese Zusammenhänge gefunden. Das ist überaus spannend.

Für den Bereich des Ötztales habe ich zusammen mit dem Verein PRO VITA ALPINA ab 1997 erste Forschungen in diese Richtung unternommen. Mit Hilfe des EU-Projektes „Leben und Überleben in ländlichen Regionen" entstand eine Mappe *„Auf den Spuren des Mannes aus dem Eis"*, in der grenzüberschreitende archäologische Wanderwege beschrieben werden. Die dort vorgestellten Wege A2 und A3 führen von Vernagt im Schnalstal über das Niederjoch nach Vent bzw. von Vent über die Rofenhöfe und das Hochjoch nach Kurzras. Im Bereich Gurgl führt der A-Weg über das Gurgler Eisjoch in das Pfossental. Der Weg A17 führt vom Passeiertal über das Timmelsjoch und durch das Timmelstal ins Ötztal.

Diese archäologischen Wanderwege sind zugleich die Wege der Schafe, und diese sind gesäumt von alten und zum Teil sehr alten Kulturstätten und Kultplätzen (siehe auch Karte S. 44).

Beim Weg A2 finden wir den BILDSTOCK IM TISENTAL mit dem Viehpatron St. Martin. In einfacher Malerei ist dort ein gehörnter Widder dargestellt. Der Weg führt ganz nahe an einer sehr geheimnisvollen Stätte vorbei, die im Volksmund SCHNEGG oder LABYRINTH genannt wird. Die steinerne Rundhütte auf ca. 2360 Meter Höhe könnte eine alte Schäferhütte gewesen sein. Gedeutet wird sie auch als Begräbnisstätte. In und neben der Hütte wurde ein kleiner Menhir aufgefunden, ebenso ein deutlich erkennbarer Lochstein.

Von dort führt der Steig steil durch die Felsen zu einer Verengung, von Schnalsern BEI DER FRAU genannt, aufs Joch hinauf. Am aufgelassenen und

Steinmänner und Reste einer runden Steinhütte im Tisental © H. HAID

Seite 110:
Auf dem aussichtsreichen Mutsbichl oberhalb von Vent befindet sich ein sehr markanter Schalenstein. Blick über die weiten Weideflächen der Venter Bauern zum Similaun
© H. HAID

111

kaum mehr erkennbaren Steig aus dem Tisental hinauf zum TISENJOCH hat Hansi Platzgummer markante Schalensteine gefunden. Vom Niederjoch aus kann die ÖTZI-FUNDSTELLE auf dem Tisenjoch (das eigentlich Disen-Joch heißen müsste) erstiegen werden.

Eine der bedeutendsten Kult- und Kulturstätten der Region ist die KASER, etwa eine Stunde taleinwärts von Vent im Niedertal gelegen, mit zwei Steinkreisen, einem Altarstein, einem stehenden und einem liegenden Menhir. Neu ist dort eine Kapelle der Bergführer, der Mutter Anna geweiht.

Gut erforscht ist der HOHLE STEIN im Niedertal, etwa eine halbe Stunde von Vent talein. Seit mindestens 9600 Jahren sind dort menschliche Spuren nachweisbar; seit mehr als 6500 Jahren Beweidung durch Schafe.

Nicht minder ergiebig ist der gesamte Verlauf der Schaftriebwege durch das SCHLANDRAUNTAL über das Taschljöchl hinunter nach Vernagt bzw. Kurzras. Auf dieser Strecke folgen wir heute dem archäologischen Wanderweg A4 über Talatsch und die Kortscher Alm und kommen zur Lagaunalm. Überall stehen dort heute Kupferstelen mit dreisprachiger Erklärung der archäologischen Bedeutung. Am Weg von Kurzras auf das Hochjoch sind solche Stelen auf Langgrub und „bei den Wasserfällen".

Ganz sicher gab es auch im hinteren TIMMELSTAL Unterstände von Schäfern, so auch beim sagenumwobenen TOTENSTEIN und auf dem TIMMELSJOCH. Auch auf diesen Wegen informieren heute dreisprachige Kupferstelen über alte und älteste Kultur.

Sehr zahlreich und gut dokumentiert sind die Kult- und Kulturstationen an den alten Schafwegen durch das PASSEIERTAL und hinüber ins Ötztal. Der archäologische Weg A8 folgt ebenfalls alten Schaftriebwegen durch das PFOSSENTAL zum Eishof und zur Grubalm. Der Weg A16 führt durch das Pfossental zum GURGLER EISJOCH und über die Gurgler Alm nach Obergurgl.

Leider sind die beiden Mappen der Themenwege mit den ausführlichen Beschreibungen (siehe Literaturverzeichnis) derzeit vergriffen, sollen aber neu und erweitert aufgelegt werden. Restexemplare könnten bei Bedarf über das Ötztal-Archiv bezogen werden.

Wegbegleiter beinahe auf Schritt und Tritt sind in den Ötztaler Alpen und speziell auf den Wegen der Schafe die Sagen. Kaum in einem Gebiet der gesamten Alpen treffen wir eine solche Fülle und Vielfalt. Einem sensibel und kulturell denkenden bzw. agierenden Tourismus würde sich eine spannende und geradezu einzigartige Chance bieten, auf den uralten Wegen der Schafe neue Kultur-Wanderprogramme zu entwickeln.

DIE „HERREN DER TIERE" – VOM VINZ UND VOM WILLI, VOM FORTUNAT, TONL UND SEPP

Die alten erfahrenen Schäfer sind die Herren der Tiere, die besten Kenner der Schafe, sind ihre Behüter und Beschützer, Ärzte und Tröster und Treiber.
Einer von ihnen war der WEGER-VINZ, der Vinzenz Gurschler aus dem Schnalstal. Schon sein Vater hatte die Schafe übers Joch ins Ötztal getrieben. Dann hat der Vinz das Erbe übernommen. Im Jahre 1964 hat das Bayerische Fernsehen einen Film gedreht mit dem Titel *Das Tal der schwarzen Schafe*. In diesem Film, der eigentlich ein Porträt des Schnalser Schäfers Vinzenz „Vinz" Gurschler ist, finden wir folgende Passage: *„Das ist der Weger-Vinz. Seine Freunde necken ihn mit ‚Seine Heiligkeit', weil er als Oberhirt für 4000 Schafe verantwortlich ist. Acht Kinder hatte er 1964. Das neunte wird erwartet."*

WILLI GURSCHLER

Eines dieser Kinder ist der WILLI. Der wird wie sein Vater und Großvater wieder Schäfer am Rofenberg. Heute helfen auch zwei Schwestern und eine Nichte sowie ein Bruder, und es wird weitergehen, weil auch Kinder vom Willi wieder mithelfen und „eingeführt" werden. Alles wie seit 6000 bis 6500 Jahren und vielleicht noch weiter zurück.

Willi ist der Herr des Rofenberges. Willi sanierte die alte Schäferhütte, baute überaus sensibel eine Wasserleitung, verlegte sie im Boden, dass nach einem Jahr niemand mehr etwas sah. In der Hütte kehrte etwas von dem ein, was die einen als „Komfort" bezeichnen. Andere wundern sich über die Primitivität der Schäferhütte.
Willi stellte eine Heiligenfigur in eine Steinnische. Willi kennt alle Schafe, die ihm anvertraut

In der Schäferhütte am Rofenberg: der Hirt Willi Gurschler und ein junger Helfer © H. HAID

Der „Herr der Schafe": Willi Gurschler. Er kennt alle die „Seinen" und sie kennen ihn. © H. Haid

Fortunat Gurschler, viele Jahre Hirt im Niedertal, mit Frau und Tochter in Unser Frau im Schnalstal mit Blick Richtung Tisental und Finailspitze © H. Haid

sind: nahezu 1600 Stück. Er weiß genau, von welchen Bauern welche Schafe auf welchen Weiden grasen. Die „Spezialgruppe im Hinteren Eis" gehört dem Walmtaler vom Sonnenberg. Aber die sind sowieso ein Sonderfall. Sie bleiben dort den ganzen Sommer geschlossen beisammen und ziehen dann geschlossen wieder übers Joch, wenn der Hans kommt, der Altbauer vom Sonnenberg. Der Willi ist 2007 zum 26. Mal herübergefahren. Sein Vater, der Vinz, hat 30 Mal den Sommer auf Ötztaler Schafweiden verbracht. Er hatte zeitweise auch Gurgler Weiden genutzt und trug dabei die Verantwortung für mehr als 4000 Schafe.

Fortunat Gurschler aus dem Schnalstal

Ein anderer Hirt hat 14 Sommer im Niedertal Schafe gehütet, hat sie beobachtet, registriert, gezählt, die 1900 oder 1950 oder 2050 Schafe; hat Lamm um Lamm geschützt vor schwarzen Raben, die den Neugeborenen die Augen aushacken; hat abgestürzte Schafe geborgen und herabgeschleppt, es dem Bauern melden müssen, getreulich und drei lange Sommermonate lang. Es ist der Fortunat Gurschler aus dem Schnalstal. Seine Hütte liegt zwischen der Kaser und Samoar. Auch sie wurde überaus sensibel und vorsichtig saniert. Der Fortunat hat manchmal Hühner mitgebracht und dort ein Pferd weiden lasssen. Er hat Salat angebaut und sich von seinen Ziegen frische Ziegenmilch schenken lassen.

Viele Wanderer kamen direkt an der Hütte vorbei, drückten neugierig an der Türklinke, wollten gaffen und staunen. Es war zugesperrt. Der Fortunat war unterwegs bei den Schafen. Oder mit dem Motorrad nach Vent gefahren. Oder er steckte in der Hütte und ließ nasse Kleider trocknen, dachte nach und sinnierte. Oder er hat sich versteckt.

Fortunat Gurschler hat die ihm anvertrauten Schafe nach dem Sommer bestmöglich wieder vollzählig übers Niederjoch durch das Tisental nach Vernagt geführt, unterhalb und schräg vorbei am uralten Tisenjoch, und wurde dort von 3000 oder 4000 Menschen alljährlich erwartet. Ein Aufschrei geht durch die Menge der Wartenden, wenn endlich, nach mitunter zwei- oder dreistündigem Warten, die Herde oben zu sehen ist, wenn sich ein kilometerlanger Zug von der Höhe herab ins Tal herunterschiebt. Das ist dann Bewegung und Erregung zugleich. In Gruppen kommen sie zum Damm, auf dem mäßig steilen Schotterweg beginnen sie zu laufen. Sie stürmen darauflos, hin zum Pferch, zum großen umzäunten Platz in Vernagt. Es kommt dann vor, dass einzelne Schafe nicht nur hineinstürmen, sondern regelrecht hineinspringen, auf allen

Das ist der „Tonl", Toni Pichler aus St. Martin in Passeier, auf der Angerer Alm. © H. Haid

Im Sommer 2007 ist er zum 65. Mal vom Sonnenberg im Vinschgau übers Taschljöchl und Hochjoch ins Ötztal gekommen: der „Walmtaler" Hans Niedermaier vom Hof Walmtal. © Thomas Defner

vieren in die Höhe hupfen, dass es den Anschein hat, sie würden vor lauter Freude diese Luftsprünge machen. Dann klatschen die Leute. Dann ist der große Festtag gekommen.
„Es ist der größte Feiertag des Jahres im Schnalstal, wenn die Schafe kommen", sagt der Schnalser Altbürgermeister Johann Rainer vom Tumlhof: Fortunat ist 2006 das (vorerst?) letzte Mal als „Herr der Tiere" der großen Herde vorangeschritten. Da hat er auch seine junge Frau und sein Töchterlein mitgehabt. Übers Joch sind sie gekommen, haben das Kind herübergetragen. 2007 hat der Fortunat dann den hochgelegenen Saxalberhof übernommen und ist jetzt Bergbauer auf einem der extremst gelegenen Höfe des Tales. Mit seiner Katrin und dem Töchterchen Pauline

117

lebt er nun dort. 2007 hat er seine Saxalber-Schafe in das Niedertal ziehen lassen und hat sie höchstpersönlich etliche Kilometer auf der Schnalser Straße und dann zu seinem Hof hinauf begleitet. In diesem Sommer 2007 haben die Schnalser einen neuen Hirten suchen müssen.

Elmar Horer aus Laas

Eine ganz zentrale, wichtige Person ist auch der Schafbauer und Schafliebhaber Elmar Horer aus Laas. Er ist einer der besten und zuverlässigsten Kenner und Experten der Schaftriebe über das Niederjoch. Er weiß genau, von welchen Höfen die Schafe kommen, in welcher Anzahl und wie sie in den weitläufigen Tälern von Schalf, rund um Mutmal und hinaus zur Kaser und auf Gulfeben verteilt werden, wo genau die Kortscher und Laaser ihre Schafe haben wollen. Seine Schafe weiden mehr oder weniger exklusiv „im Schalf" drinnen. Von ihm habe ich erfahren, dass es draußen im Bereich von Gulfeben ein Wässerlein gibt, das sie „das jungfräuliche Wasser" nennen. Darüber liegt die Spielwand. Eine Flur heißt die „Sunntagwoad", und oberhalb der Schäferhütte wird eine ganz gefährliche Stelle „Schoftoad", also Schaftod, bezeichnet. Diese Flur ist auch in der Alpenvereinskarte so eingetragen. Mehrmals und immer wieder sind dort Schafe abgestürzt, vor allem bei Neuschnee und wenn die extrem steilen Felsplatten vereist und rutschig sind.
Vinz, Willi, Fortunat, sie alle sind „Herren der Tiere" gewesen. Auch der Ötzi war ein solcher Herr der Tiere. Ein „Sir" wie der Vinz, einer von denen, die auch „Seine Heiligkeit" heißen könnten.

Tonl Pichler und Alfons Gufler

Im Gurgler Raum treffen wir zwei Schäfer, beide gebürtig aus dem Passeier: Es ist der „Tonl" Toni Pichler aus St. Martin in Passeier und der Alfons Gufler, Bauer aus Pfelders, im Sommer aber Hirt und Herr, Chef und Sir, Wissender und Weiser. Auch das ist möglich.
Ich rede oft und gern mit ihm. Zweimal habe ich ihn und seine Frau auf dem Hof in Pfelders besucht. Keiner weiß mehr über die Schafweiden auf „Kippele" und der Großen Gurgler Alm als er und keiner weiß mehr, wie es bis 1963 gewesen ist, als noch die 700 bis 1000 Schafe alljährlich vom Pfossental übers Gurgler Eisjoch auf die Gurgler Weiden gezogen sind.
Alfons erzählt von den alten Hirten und Treibern, vom alten „Weiss" und von den Brüdern aus Naturns, die vor ihm hier Hirten waren.
Von 1924 bis 1945, also durch 21 Sommer, hat Johann Pircher (1895–1950) vom Sonnenberg auf „Kippele" und der Großen Gurgler Alm die Schafe gehütet.
Dann kam der legendäre Josef Weiss, der „Sepp", der bis 1958 hier Herr der Tiere war. Er kam aus St. Pankraz im Ultental und hat alljährlich bis zu 1000 Schafe über das Gurgler Eisjoch geführt. 1959, 1960 und 1961 folgten ihm dann die Brüder Hillebrand aus Naturns, und 1963 hatte es den bislang letzten Schafübertrieb über das Gurgler Eisjoch gegeben. Bis in die allerletzten Höhen hinauf hätten die Bauern damals gemäht, so weit, *„dass man mit dem Rechen die Ferner drglongt"* (also mit den Heurechen bis ans Gletschereis kommt).
Alfons berichtet auch von gefährlichen Erlebnissen auf dem Weg der Schafe, wenn der Schnee

Neben ihrem Hof in Pfelders/Südtirol: Alfons Gufler und seine Frau. Im Hintergrund die Hohe Wilde © H. Haid

gekommen ist, viel Schnee, und dann die Lawinen (siehe auch Seite 79ff.).

Der Walmtaler Hans Niedermaier

Von den Schafbauern mit besonderer Beziehung zu den Weiden im hinteren Ötztal gehört neben dem genannten Elmar Horer besonders der Altbauer Hans Niedermaier vom Hof Walmtal am Sonnenberg. 65 Mal ist er dabei gewesen, beim Schaftrieb.

Keiner kennt diese Teile des Berges, in die er „seine" Schafe treibt und weiden lässt, mit all seinen Gefahren und Besonderheiten und seiner dramatischen Schönheit so gut wie er. Seine Schafe weiden exklusiv auf den Weiden „im Hinteren Eis".

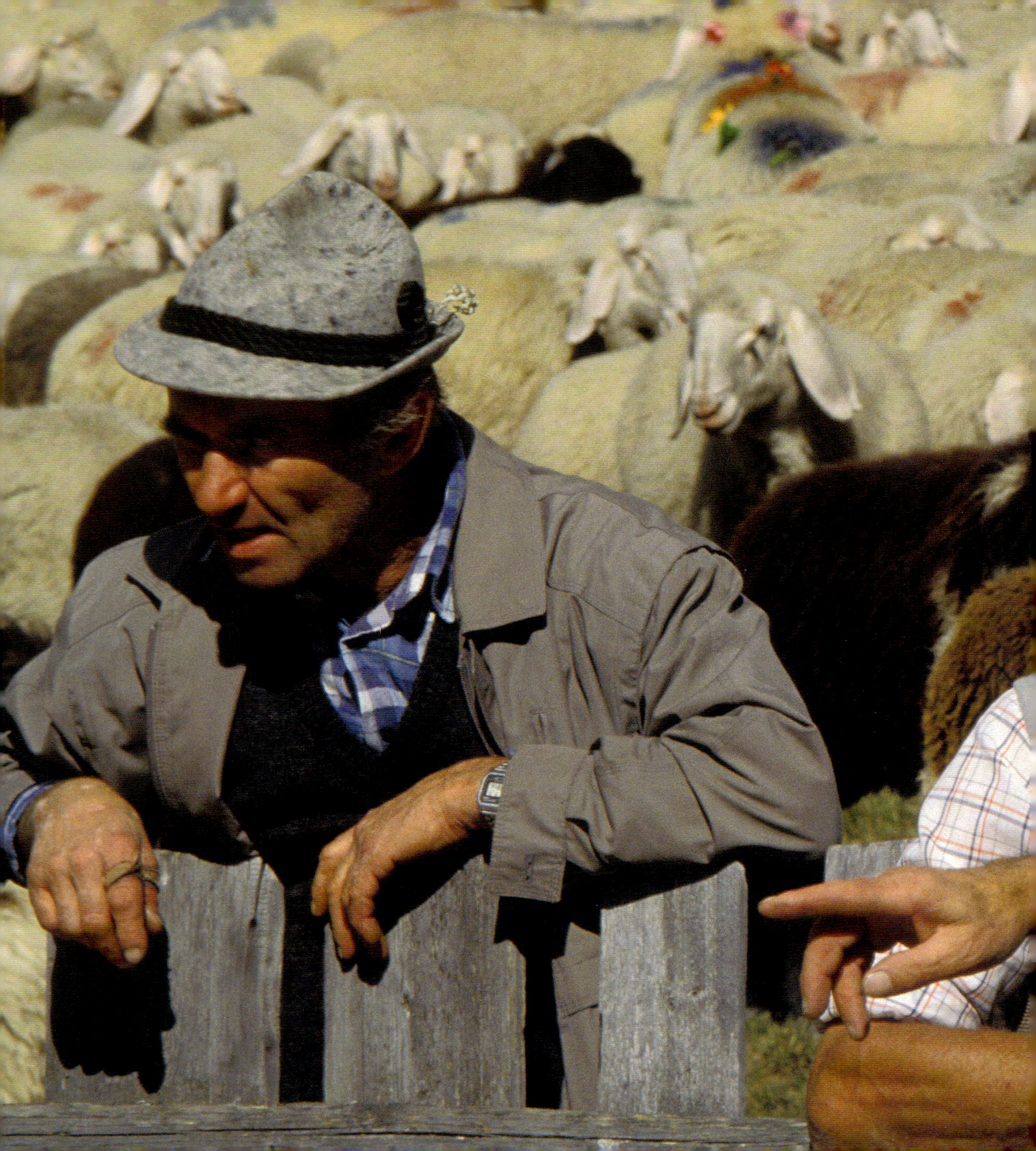

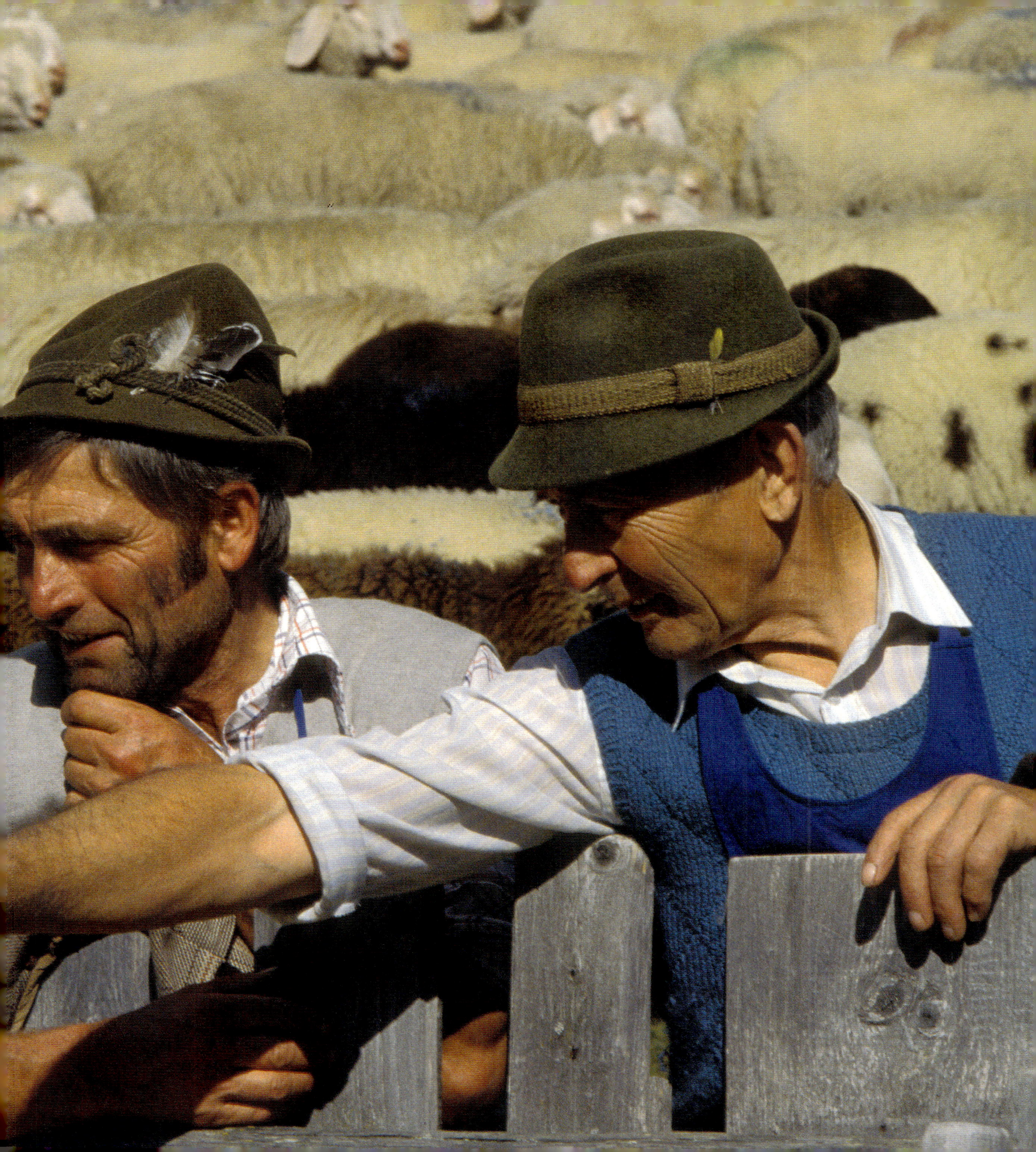

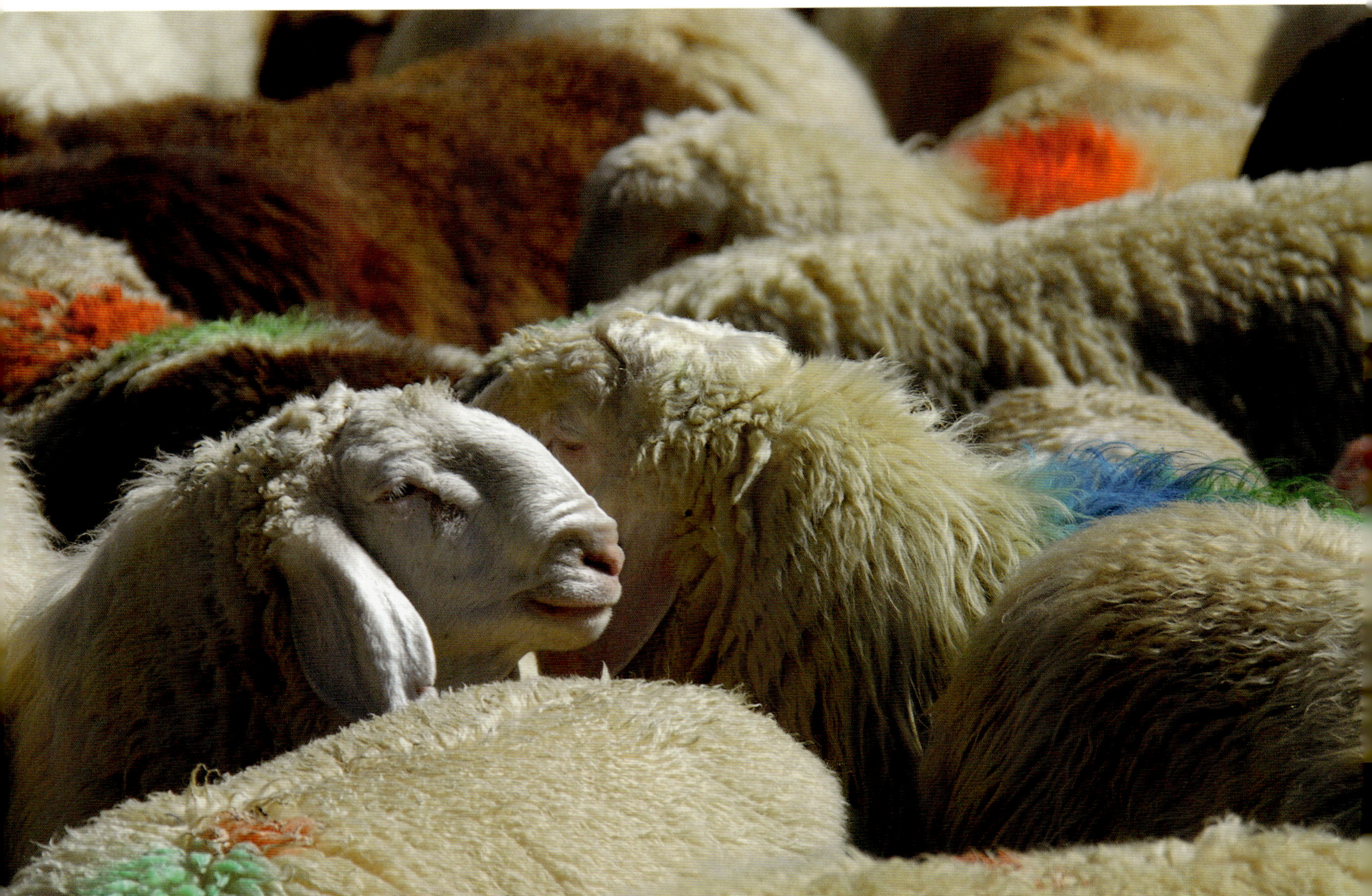

123

Seite 120/121:
Fachkundig und interessiert begutachten die Bauern ihre Schafe nach der Rückkehr, sortieren ihre Tiere aus, loben und freuen sich an ihrem Zustand und danken dem Hirten Alfons Gufler. © Thomas Defner

Seite 122/123:
Auch Schafe sind ganz unterschiedliche „Persönlichkeiten". Sehr selten ist ein gehörnter Widder in der Schafherde. Die Hörner wurden weggezüchtet. Warum? © Thomas Defner

VON RAMSNASEN UND TSCHAUPEN – DIE BERGSCHAFE UND IHRE GESCHICHTE

Mehr als in früheren Jahren sind in den letzten Jahren die Schafherden wieder bunter geworden. Nach einer mehr als 50-jährigen Normierung auf das „Weiße", das Tiroler bzw. Schnalser Bergschaf sind nun von Jahr zu Jahr wieder mehr scheckige, bunte, braune und schwarze Schafe in der Herde, mitunter bis zu gut einem Drittel. Die jahrzehntelange Dominanz des weißen Schafes hängt damit zusammen, dass im Jahre 1938 von Berlin aus eine SCHAF-REINZUCHT verordnet worden war. Es war verfügt worden, dass es nur mehr makellos weiße Bergschafe geben dürf. In diesem Jahr 1938 ist es zur Gründung einer Vielzahl von Schafzuchtvereinen und Schafzuchtverbänden gekommen. Rasse-Reinheit war verfügt worden. Wie bei den Menschen.

Im Jahr 1988 hat es dann zahlreiche Festivitäten gegeben zum 50. Jubiläum dieser Gruppen und Verbände. Und auch 2008 hat es eine Reihe von Jubiläen und Festen zum „Siebziger" gegeben. In keiner der Jubel-Meldungen war zu lesen, welche historischen und vor allem ideologischen Hintergründe hinter den Vereinsgründungen steckten. Bei vielen fanatischen Bergschaf-Züchtern vor allem im Ötztal, an erster Stelle in der Gemeinde Längenfeld, gilt nach wie vor das „edle" und alleinige Zuchtziel wie anno 1938. Es muss die reine weiße Rasse sein. Und was noch dazugekommen ist: Die Schafe mussten immer größer und schwerer, also „gewichtiger" werden. Waltraud Holzner gibt in ihrem Buch „*Von Schafen, Hirten und warmer Wolle*" (Bozen 2002) einen wichtigen Überblick zur „Entwicklungsgeschichte des Schafes in Tirol". Das erste Kapitel gilt dem Thema „Archäologische Funde in Tirol". Eine wichtige Quelle dafür sind die Forschungen und Entdeckungen auf dem Ganglegg bei Schluderns, also in einem Teil der Ötztaler Alpen. Demnach gab es beispielsweise um 300 v. Chr. folgende ungefähre prozentuelle Aufteilung des Haustierbestandes:

- 45 % Schafe und Ziegen
- 34 % Rinder
- 11 % Pferde
- 8 % Schweine
- der Rest sind Geflügel, Hunde usw.

Wie ur- und frühgeschichtliche Funde und Forschungen erweisen, gab es bereits zur Zeit des ÖTZI nachweisbar Spuren von Schafhaltung und Weidewirtschaft im hinteren Ötztal. Die beiden Ötzi-Forscher Konrad Spindler und Walter Leitner finden eine Kontinuität, die mehr als 6000 Jahre zurückreicht.

Am Rastplatz „Schöne Aussicht / Bella Vista" auf dem Hochjoch. Die Hirten und Treiber werden vom Hüttenwirt Paul Grüner bewirtet. © H. Haid

Laut Waltraud Holzner gibt es – mit dem Stand um das Jahr 2000 – in Südtirol etwa 47.000 Schafe, „davon ungefähr 22.000 nach bestimmten Kriterien gezüchtete … Tiere".
47.000 in ganz Südtirol. Wenn wir alle aktuellen Schaftriebe, die aus Südtirol in das Ötztal kommen, zusammenzählen, kommen wir auf etwa 5000 bis 5500 Schafe aus Südtirol allein im Ötztal. Das wären also insgesamt mehr als 10 % des Gesamtbestandes.

Daraus können wir ermessen, welche Rolle der Transhumanz zwischen Südtirol und dem Ötztal zukommt.

Wie sich die Rassen unterscheiden

Waltraud Holzner unterscheidet in Südtirol folgende Schafrassen:
- Das Weiße Bergschaf. Im Zuchtverband sind 18.700 Tiere eingetragen. Es ist ein hornloses,

großwüchsiges Schaf mit Hängeohren und einer markanten Ramsnase (= gebogener Vorderschädel) sowie einer „Tschaupe", also dem Wollbüschel auf der Stirn.
- Das Schwarze und Braune Bergschaf. Im Zuchtverband sind ca. 2000 Tiere eingetragen. Es ist dem weißen Bergschaf sehr ähnlich, wird aber nicht so großwüchsig. Böcke sollen zwischen 70 und 100 Kilo wiegen und Mutterschafe zwischen 60 und 70 Kilo.
- Das Villnösser Schaf mit ca. 1000 eingetragenen Tieren (fast ident mit dem Kärntner Brillenschaf)
- Das Jura-Schaf mit ca. 200 eingetragenen Tieren
- Die Walliser Schwarznase mit ca. 100 eingetragenen Tieren
- Das Suffolk-Schaf mit ca. 70 eingetragenen Tieren und schließlich
- Das Steinschaf mit kaum 50 eingetragenen Tieren

Mit ganz wenigen Ausnahmen kommen in den Schaftrieben über Hochjoch, Niederjoch und Timmelsjoch nur weiße, schwarze und braune sowie ein beträchtliche Anzahl an „nicht eingetragenen Mischlingen" vor. Bisher eher selten, aber in den vergangenen Jahren merklich zunehmend ist die Zahl der Steinschafe. Aber kaum einmal finden sich in den überaus zahlreichen und bunten Herden auch Widder mit Hörnern. Die Hörner wurden und werden sorgfältig und radikal weggezüchtet. Dabei sind in den historischen und

Säugend – zutraulich, in der Obhut von Willi Gurschler, dem Hirten von Rofenberg – neugeboren: Schafe zählen zu den ältesten Haustieren des Menschen.
© H. WIELANDER (OBEN), H. HAID (MITTE), M. GAMBICORTI (UNTEN)

Widderköpfe mit Hörnern als Erinnerung an früher, denn heute gibt es so gut wie keine gehörnten Widder mehr. Beim Schaffest in Vernagt im Schnalstal © H. Haid

aktuellen Bild-Darstellungen, beispielsweise für die Werbung, immer wieder Widder mit Hörnern ein wesentliches Element. Solche Widder wurden beim Schafabtrieb mit bunten Bändern geschmückt.

Das „neue" Schnalser Schaf

Eine „neue" Rasse ist seit dem Jahre 2007 offiziell und amtlich registriert. Es ist das SCHNALSER SCHAF bzw. eine neue Variante davon. Auf Initiative vom „Walmtaler", dem Altbauern Hans Niedermaier vom Walmtalhof am Sonnenberg, und untermauert mit einem Fachgutachten aus Verona gelang die Anerkennung dieser „Rasse" mit einigen Besonderheiten und Abweichungen. Wie das Bergschaf stammt auch das Schnalser Schaf zu einem erheblichen Teil aus Kreuzungen zwischen dem Bergamasker Schaf und dem Steinschaf. Weitere Einzüchtungen erfolgten mit dem Jezersko-Schaf in Slowenien. Das Schnalser Schaf wird genau beschrieben. Und alles muss stimmen: der Kopf, das Fundament, das Euter, die Hoden, die Wolle, die Fruchtbarkeit.
In einer Rasse-Beschreibung, die ich mir vom Tiroler Schafzuchtverband in der Brixner Straße in Innsbruck besorgt habe, heißt es vom „Schnalser Schaf": *„Der Kopf ist hornlos, geramst, edel und pigmentfrei. Die Ohren sind breit und mittellang und reichen beim ausgewachsenen Tier höchstens bis zum Maulwinkel. Bei den Widdern eine stark gekrümmte Ramsnase und gut ausgeprägte Nasenfalten, sowie ein Halsleder werden als rassentypi-*

Eine Kluppe zum „Abziehen", Kastrieren, junger männlicher Schafe. Aus dem Museum in Längenfeld-Lehn
© H. Haid

Nur mehr in Ausnahmefällen wird ein Widder, wie hier in Vernagt im Schnalstal, mit Bändern und Farben geschmückt. Diese Ehre wurde früher eher einem gehörnten Widder zuteil. © H. Haid

sches Merkmal bezeichnet ... Das Euter soll gut aufgehängt, milchreich, drüsig und gut melkbar sein. Die Zitzen sollen korrekt gestellt und nicht zu groß sein. Die Hoden sollen aufgehängt sein. Zu lange Hoden sind unerwünscht."
So weit also die branchenüblichen Formulierungen. Wenn Schaf-Fanatiker bei Ausstellungen zusammenkommen und sich fallweise schreiend und gestikulierend über die unterschiedlich starke Ausprägung dieser Rassemerkmale fast in die sprichwörtliche Wolle geraten, kann der Laie nur staunen und sich wundern.

In einer EU-weiten Kooperation Interreg III B „Alpine Space Programme" sind auch Schafe und Schafrassen Gegenstand von Förderprogrammen. Eines dieser Programme nennt sich „Assonapa", und eines der Ziele ist unter anderem seit Herbst 2006 der Beginn eines „Erhaltungszuchtprogrammes" für das Schnalser Schaf.

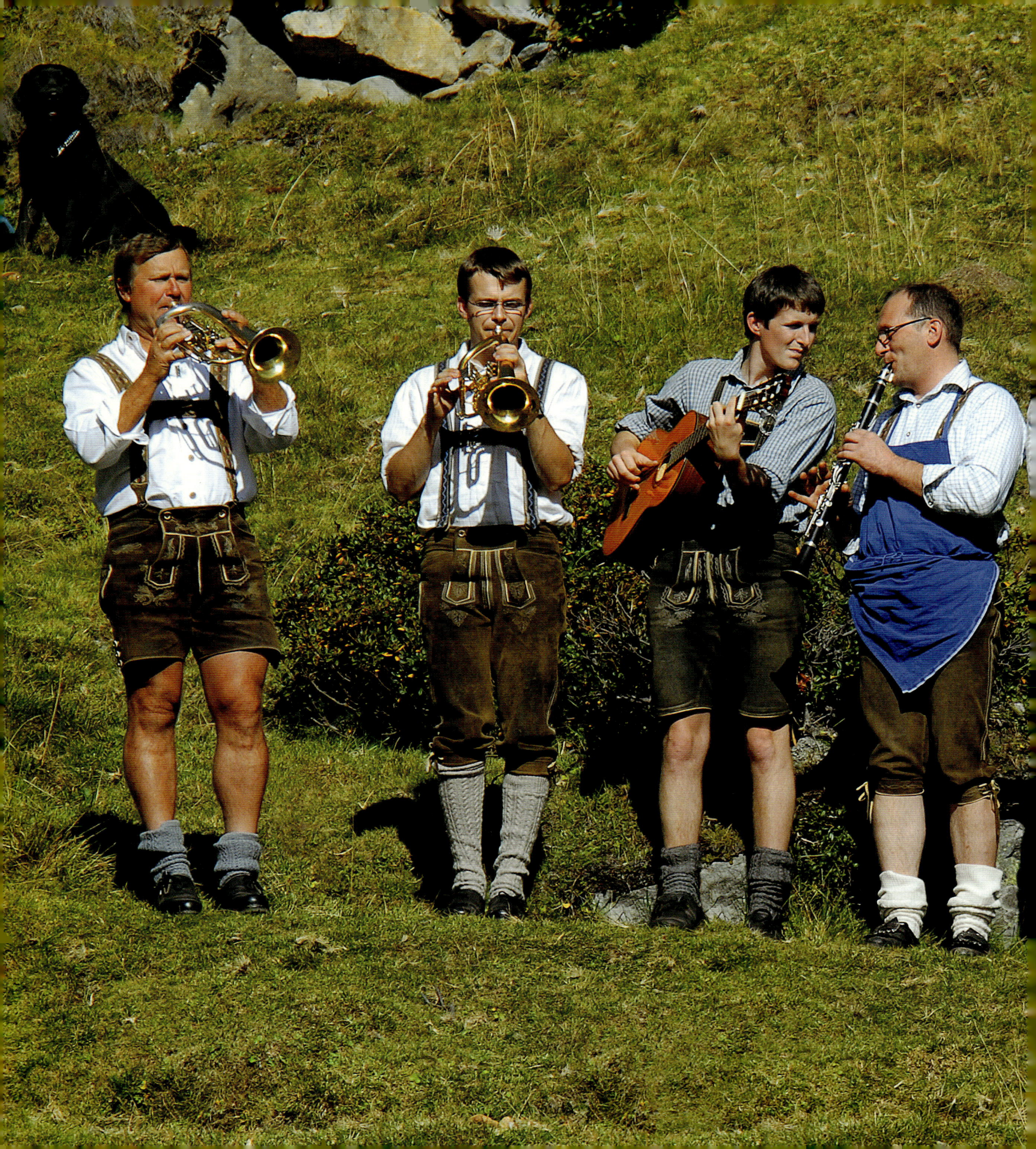

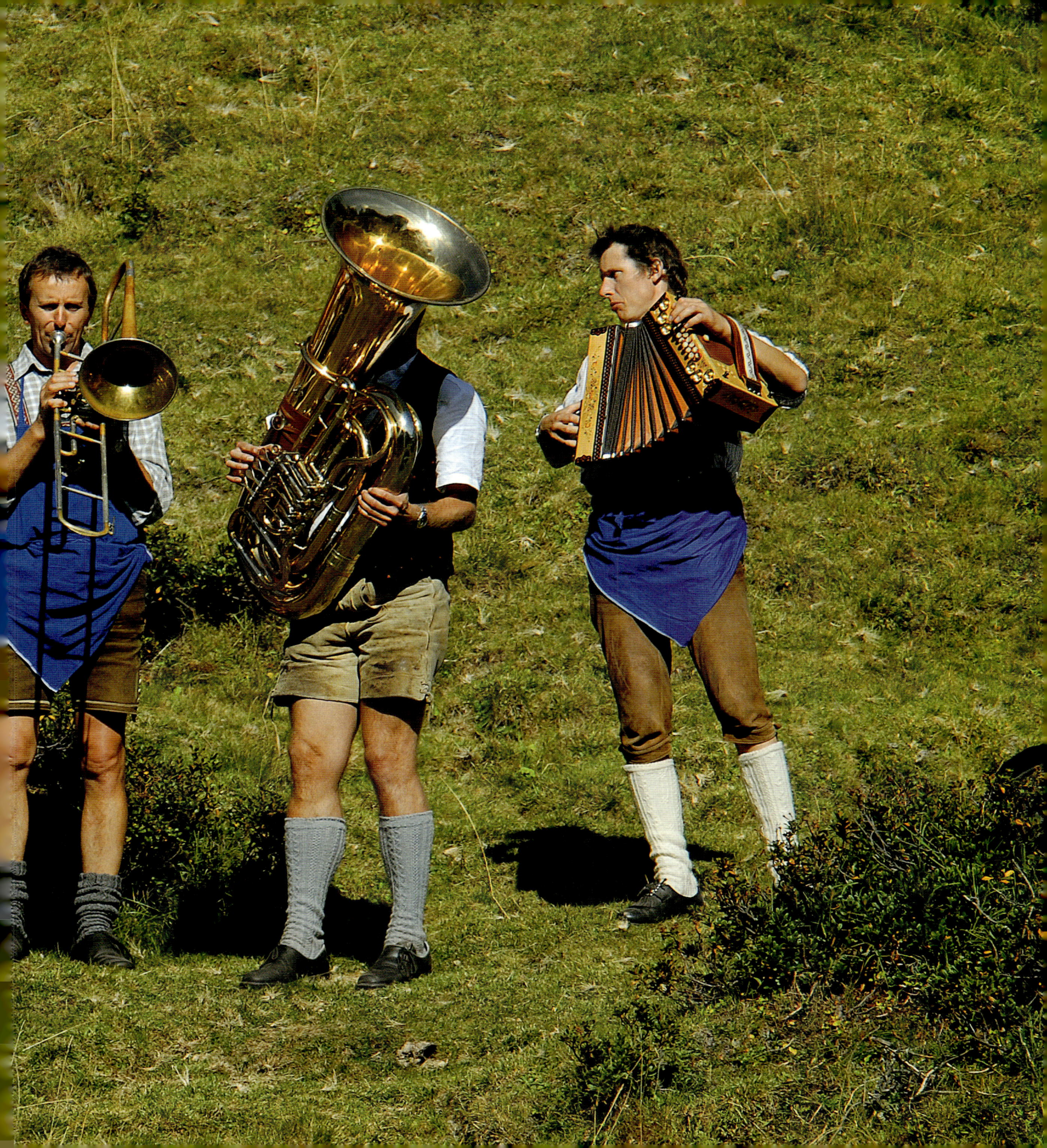

Seite 130/131:
Die Ankunft der Hirten und Herden nach dem Schaftrieb über das Hochjoch ist ein alljährliches Volksfest in Kurzras.
© Thomas Defner

Er spielt nicht mehr, der alte Ziehharmonika-Spieler Johann Götsch aus Unser Frau im Schnalstal. Inzwischen erklingt beim Schaftrieb in Vernagt Volks-„Dümmliches". © H. Haid

EIN SENSIBLES ÖKOSYSTEM –
VON DEN CHANCEN UND RISIKEN DER BEWEIDUNG
UND VON WEITAUS GRÖSSEREN GEFAHREN

Es lohnt sich, das Pro und Kontra der Schafweiden in Hochgebirgsregionen zu diskutieren. Bekanntlich gibt es große, ja riesige Flächen in einigen Gebirgsgegenden, z. B. in den französischen Alpen oder im Apennin, in denen durch jahrhundertelange ÜBERWEIDUNG durch Schafe und Ziegen das ökologische Gleichgewicht gekippt, die sensible Landschaft zerstört worden ist. Kahlgefressene Hänge bewirken Erosion, erleichtern den Abgang von Lawinen und Muren. Kahlgefressene Hänge sind landwirtschaftlich nicht mehr nutzbar, die Folgen sind Abwanderung und Entsiedelung. Damit verlieren diese Bergtäler ihre Chance, beispielsweise auch für den Tourismus.

Für den Bereich der Ötztaler Alpen kann man, zumindest auf Ötztaler Seite, ganz klar und bestimmt festhalten, dass es keine Überweidung gibt und kaum gegeben hat. Eine Ausnahme waren relativ kurze Kriegs- und Notzeiten, in denen mehrere Jahre hindurch zu viele Schafe aufgetrieben worden sind. Auch in den Jahren ab 1940 war es so. Da wurden allein über das Niederjoch 3525 Schafe getrieben, gegenüber den weniger als 2000 in der Gegenwart. Wenn die Wetter- und Wachstumsverhältnisse gut sind und die Überweidung sehr kurzfristig erfolgt, dann kann sich die Weidefläche wieder erholen – so wie in den Ötztaler Alpen.

Eine aktuelle, konkrete Gefahr der Überweidung droht durch zu intensive EU-Förderung. Einige große Höfe am Sonnenberg im Vinschgau halten (wieder) sehr große und immer größere Schafherden mit immer schwereren Tieren. Diese Schafe weiden zur Sömmerung im Ötztal, während des ganzen Winters und wiederum bis zum Auftrieb im Juni rund um die heimatlichen Höfe, bis hinauf in die Wälder und darüber hinaus. Das ist eine Tendenz, die sich noch verstärken wird. Schon in den mittelalterlichen Dorfordnungen, die wir als WEISTÜMER kennen, ist die Beweidung geregelt. In einer dieser Urkunden ist zu lesen: *„die Schaaf und Geiß (sollen) in das gepürg und ire gebürliche Ort waiden und getrieben ... und nit in den kuhwaiden gewaidet werden."*

In sensiblen Kalk-Hochgebirgsregionen, wie zum Beispiel im Allgäu und den Nördlichen Kalkalpen, war offziell verfügt worden, dass in Hochlagen über 2200 Meter keine Beweidung stattfinden dürfe, denn *„was keine Blumenräuberei des Menschen in so kurzer Zeit vermag, leistet in radikaler Weise das Schaf"*.

Die ökologische Bedeutung der Beweidung

Intensive Forschungen zur ökologischen Bedeutung der Beweidung verdanken wir unter anderem den Experten der Universität für Bodenkultur in Wien. Im Ötztal-Archiv haben wir einige Aufsätze zu diesem Thema gesammelt.

Generell lassen sich drei wesentliche „Wirkfaktoren" entstandener und möglicher Schäden bzw. Nachteile für Landeskultur, Forst- und Wasserwirtschaft erkennen:
- mechanischer Faktor: Bodenverdichtung und -vernässung sowie Trittschäden
- selektiver Faktor: Bevorzugen und Meiden bestimmter Pflanzen im Futterangebot
- edaphischer Faktor: Stickstoffanreicherung im Boden

(nach: Wolfgang Schwarzelmüller, Schafalpung in Österreich, 1984)

Tritt, Verbiss und Düngewirkung des Schafkots beeinflussen demnach unzweifelhaft die Vegetation. Auch bei nur geringfügiger und wenige Jahre betriebener Überweidung sind die Schäden schnell und dramatisch erkennbar. Es wird anerkannt, dass unter den „mechanischen Auswirkungen" sehr positiv das Verhindern des Schnee-Gleitens festgestellt wird. Die intensive Beweidung bringt viel Mist, der aber sehr ungleich verteilt ist. Beispielsweise kann sich auf tiefgründigen Böden eine artenärmere, aber ertragreichere Pflanzengesellschaft infolge Düngung entwickeln. Die Fressgewohnheiten kennt jeder Schäfer ganz genau. Ist das Gras zu hoch, dann sucht das Schaf lieber die mageren Bestände, auch die in den Gletschervorfeldern und den eigentlich sensibelsten Zonen. Wenn im Juni beim Schaftrieb auf der „Kaser" die Schafe eine grasreiche, saftig grün aussehende Weide mit hohem Gras finden, suchen sie lieber und sofort andere Weiden. Immerhin braucht ein Schaf pro Tag ungefähr zwei Kilogramm „Trockenmasse". Die Untersuchungen kommen zu folgendem Resümee: „Bestes Maß für eine mit den natürlichen Gegebenheiten in der Landschaft harmonisierende Beweidungspraxis ist der Zustand der Vegetation nach jahrhundertelanger Weidenutzung ..." (Heinz Janetschek: Landschaftspflege im Gurgler Raum, In: MAB-Projekt Obergurgl, Innsbruck 1987)

Interessant sind Janetscheks diesbezügliche Untersuchungen über die Weiden im hinteren

Sorten-Reinheit ist bei der Beweidung für die Südtiroler eher Nebensache. Wichtiger sind gesunde Schafe, nicht zu schwer, also gute Rasen- und Bergweidepfleger.

© H. Wielander

Der Schafpferch auf der Schmid-Kaser (1770 m) im hinteren Passeiertal an der Einmündung des Passeirer Timmelstals in die junge Passer © H. Haid

Ötztal. Jahrhundertelange Beweidung hat besonders im Raum Gurgl zu einem *„ungemein großen Schwund der Waldfläche und zu einem starken Absinken der aktuellen Waldgrenze geführt, hier wie andernorts mit allen Konsequenzen einer Verstärkung der Bodenerosion, Vermurungen und Lawinengefahren"*. Noch dramatischer sind die Auswirkungen im Raum Rofen und taleinwärts, speziell auf der Sonnenseite, erkenn- und nachweisbar. Schon seit der Bronzezeit sind große Flächen zwecks Weidenutzung baumfrei gehalten. Janetschek hält 1987 jedoch weiter fest, dass der Beweidung „eine fördernde Wirkung auf die Begrünung der ständig zunehmenden Skipisten" zukommen würde, dass den Schafen auch „im Rahmen der Landschaftspflege eine zunehmende Bedeutung" zukomme und dass sie nun die Pflege der nicht mehr genutzten Bergmähder übernehmen.

Bereits Helmut Gams hat in seiner Betrachtung über „die Pflanzendecke der Venter Täler" (in: Das Venter Tal, München 1939) einleitend festgehalten:
„Die Landschaft des obersten Ötztales erinnert ... sowohl an die des skandinavischen Hochgebirges ... wie an die des Vintschgaus, von dem aus es auch besiedelt worden ist. ... Seine Pflanzendecke ist geprägt durch den Reichtum an Eis und Schafen. ... Die Viehherden haben auch die meisten Zwergsträucher vernichtet und dafür neue Pflanzen, auch eigentliche Steppenpflanzen unmittelbar aus dem Vintschgau eingeschleppt."
Da gibt es tatsächlich beinahe ökologische Besonderheiten, wie z. B. das besonders im Niedertal bei Vent reiche Vorkommen des Greiskrauts. Mit seinen großen, orangegelben, immer einzeln stehenden Blütenköpfchen ist es unverwechselbar.

Die Natur „denkt" in anderen Zeiträumen

Bei botanischen Exkursionen habe ich mit Georg Grabherr, Professor am Institut für Ökologie und Naturschutz der Universität Wien und Mitglied der Österreichischen Akademie der Wissenschaften, auch diskutiert, welche Folgen die Schafbeweidung für die Ökologie der Region hat. Dabei wurde klar, dass diese nur eine von vielen – und vielleicht nicht einmal die Hauptrolle – in einem komplexen System spielt. Am Beispiel des in diesen Höhenlagen typischen Krummseggenrasens sieht man, in welchen Zeiträumen die Hochgebirgsnatur „denkt": Die Pflanzengesellschaft der Krummsegge ist eine Art Urwiese, die sich an die Lebensbedingungen des Hochgebirges angepasst hat und extrem langsam wächst. Ein Rasenzuwachs von einem Meter benötigt etwa 1000 Jahre.

Da wird rasch eines klar: Die mögliche „Gefährdung" durch Schafe ist minimal im Vergleich zu den rasch und tiefgreifenden Maßnahmen des Menschen, speziell im Tourismus und da ganz besonders für den Skitourismus. Ein in Jahrtausenden bewachsener Hang ist in wenigen Minuten brutal von Baggern aufgerissen und die

Das Greiskraut als Tiroler Sonderform (Abrotanifolius tirolensis) mit reichen Beständen im Niedertal © H. Haid

gesamte Pflanzendecke zerstört. Nicht Schafe, auch nicht in großer Menge bei intensiver „Nutzung" durch mehrere Jahre, sind die wirklichen Schädlinge an der sensiblen Natur. Es ist der Mensch. Es ist der auf winterlichen Hardcore-Snow-Tourismus ausgerichtete Zweig der „harten" Macher im Geschäft.

An zwei überaus markanten Stellen ist das in den letzten Jahren sichtbar geworden: im Raum Obergurgl über Gaisberg und Rotmoos bis hinauf zur Hohen Mut und im Raum Hochjoch von Kurzras hinauf zur Schönen Aussicht / Bella Vista und dem Skizentrum von der Grawand herunter. Ich bin dabei gewesen, als der Alfons Gufler mit großer Mühe seine Schafe im September 2006 vorbei an lärmenden Baggern und Monsterbaumaschinen Richtung Obergurgl geführt hat, führen hat müssen. Dort haben die Bagger für eine gigantische Kunstbeschneiungsanlage einen künstlichen Stausee angelegt, haben die gefräßigen Monstermaschinen große Teile eines Torf-Biotops zugrunde gerichtet. Es ging so weit, dass wegen dieser brutalen Baumaßnahmen die Österreichische UNESCO-Kommission unter wissenschaftlicher Leitung von Georg Grabherr sich gezwungen sah, in Paris die Aberkennung der UNESCO-Auszeichnung für den UNESCO-BIOSPHÄRENPARK GURGLER KAMM zu beantragen. Es bestehen aber berechtigte Chancen, einen geänderten und erweiterten UNESCO-Biosphärenpark aufzubauen, der grenzüberschreitend auch einen Teil des angrenzenden Südtirol umfassen soll und den Namen UNESCO-BIOSPHÄRENPARK SIMILAUN tragen soll. Ein verbindendes Band würden die Schafe bilden, die über Hochjoch und Niederjoch ziehen. Vielleicht kann also diese bislang einzigartige Vorgangsweise noch gestoppt werden, dass sich eine Region, ein Land bei der UNESCO in Paris wegen brutaler Umweltzerstörung „abmelden" muss. Alle Baumaßnahmen in Gurgl, in unmittelbarer Nähe der Schafweiden, geschahen gegen den Widerstand der Tiroler Landesumweltanwaltschaft und trotz der Proteste von Naturschützern, aber mit breiter öffentlicher Duldung u. a. des in seiner Funktion als Obmann des Naturparks Ötztal für Umweltangelegenheiten zuständigen Bürgermeisters Ernst Schöpf von Sölden.

Wenn zumindest Teile der jahrtausendealten Kultur der Transhumanz und einer einzigartigen Bergnatur zerstört werden, dann durch den Tourismus in der bisherigen Form als der im hinteren Ötztal (und anderswo!) gefährlichsten Form von Naturzerstörung, Ausverkauf und Raubbau.

Die Mutation des Älplers

Und wie sieht es im hinteren Schnalstal aus? Seit 2006 kann das Hochjoch mit Geländefahrzeugen erreicht werden. Ich habe erlebt, wie im Juni die Schafe nicht auf dem „Normal"-Weg zum Joch geführt wurden, sondern auf planierten Abfahrtspisten, wie die Schafe im Juni und fallweise auch im September von den monströsen Schneebearbeitungsmaschinen und deren Gedröhne – stundenlang immer dieses Dröhnen auf dem Ferner – gestört wurden. Da hilft nun auch das Bemühen von Paul Grüner, Wirt und Besitzer der durchaus profitablen Schutzhütte „Schöne Aussicht / Bella Vista" auf dem Hochjoch, um bessere Einbindung in die Weitwanderwege nichts mehr. Die Landschaft ist durch den harten Winter- und Snow-Tourismus für den sanften Sommer-

Tourismus am Ende: Wintersportfinale auf dem Hochjoch © H. Haid

Wandertourismus unwiederbringlich deformiert und verschandelt. Eine neue Ideologie ist eingekehrt und dabei, die alten Kulturformen zu belasten oder zu zerstören. Es ist nicht die Allmacht der Maschine, sondern das geänderte Verhalten der Einheimischen. Es sind ortsansässige Macher, Hoteliers und Seilbahnaktionäre, teilweise in der schizophrenen Doppelrolle als (Berg-)Bauern und Touristiker. Das ist die „Mutation des Älplers". Hier spiegeln sich lokales Bewusstsein und neue Identitäten. Da werden Schäferhütten, Schafherden und Schäfer, wie der Alfons oder Tonl, zur nostalgischen Kulisse deformiert und bestenfalls als volks*dümmliche* Touristenattraktion vermarktet. Wenn sie nicht gleich ganz dem schnellen Geld geopfert werden. Von dieser Seite droht der Transhumanz und der Natur die größte Gefahr.

„DAS SCHREIEN DER LÄMMER": SCHNALSER UND ÖTZTALER PROTESTE GEGEN STAUDÄMME UND AUSVERKAUF

„Das Schreien der Lämmer" lautete die Überschrift eines Berichtes über den Protest von Bauern und anderen Aktivisten gegen den Bau von GROSSKRAFTWERKEN und STAUDÄMMEN im Bereich des Niederjochs und der Similaunhütte. Die TIWAG, also die Tiroler Wasserkraft-Aktiengesellschaft, die sich formell zur Gänze im Besitz des Landes Tirol befindet, aber undurchschaubare und teilweise dubiose Leasing-Verträge und andere „Vereinbarungen" unter anderem bis in die USA abgeschlossen hat, ist mit diesen Plänen scharfer Kritik im Ötztal, im Pitztal und im Kaunertal ausgesetzt.

Das sind die Fakten: Die Landeselektrizitätsgesellschaft TIWAG hatte geplant, im Bereich der Ötztaler und Stubaier Alpen mehrere Staudämme zu errichten und Bergbäche abzuleiten, vor allem aus dem Ötztal hinüber ins Kaunertal. Ein Staudamm hätte im SULZTAL bei Längenfeld gebaut werden sollen. Der Bau wurde verhindert, und der Plan ist zumindest vorläufig ad acta gelegt. Ein weitaus größerer Staudamm war im hinteren Ötztal, und zwar hinter Rofen bei der Zwerchwand, geplant. Die Staumauer hätte laut verschiedenen Varianten 130 bis 200 Meter hoch sein sollen. Zwischen 96 und 120 Millionen Kubikmeter Wasser hätten dort gestaut werden sollen. Dieser Stausee hätte auch die den Südtiroler Bauern gehörenden Weidegründe überflutet und bis knapp zur Schäferhütte gereicht. Vor allem die Schnalstaler hätten einen erheblichen Teil ihrer Weiden im ROFENTAL verloren. Auf der anderen Talseite, beim „Kreuz" und bis hinein zum ehemaligen Hochjochhospiz, stehen die Weideflächen im Besitz der Sektion Berlin des Deutschen Alpenvereins. An diesen beiden Partnern – den Schnalser Bauern, allen voran ihr Obmann Anton Raffeiner vom Pitairhof, und der Sektion Berlin des DAV – hat sich das Land Tirol mitsamt der TIWAG buchstäblich die Zähne ausgebissen. Eine ganze Reihe von Protestaktionen, Resolutionen und Aktionen haben dazu beigetragen, dass dieses Projekt verhindert wurde und die Schnalser Weiden gerettet sind. Entscheidend war die Tatsache, dass die Baumaßnahmen in einem strengen Schutzgebiet von „NATURA 2000" im Ruhegebiet Ötztaler Alpen erfolgen sollten und vor allem, weil die Gefahr bestand, dass in den Stausee abbrechende Muren und Steinlawinen eine Art alpine Tsunami-Katastrophe auslösen könnten.

Wie das 1963 in Longarone / Belluno geschehen war. Damals wurden die 40 Millionen Kubikmeter Wasser des Stausees von gewaltigen Steinlawinen aus dem Staubecken herausgeschleudert, haben sich als Sturzflut hinabgestürzt ins Tal und letztlich mehr als 2000 Menschen den Tod gebracht

Protesttafel im Rofental © H. Haid

Durch gemeinsame Protestaktionen und Widerstand konnte diese reelle Gefahr abgewendet und damit die Zerstörung uralter Kultur und Tradition verhindert werden. Mitbeteiligt an den Protesten waren auch die Schafe selbst: *„Es war eine höchst beeindruckende Massendemonstration auf dem Niederjoch. Mehr als 2000 Schafe zogen in einem schier endlosen Protestmarsch an der Similaunhütte vorüber und traten auf ihre sanfte Art mit Glockengebimmel und unaufhörlichem Bäähhh (das wie Buuh klang) gegen die drohenden Anschläge auf ihre Sommerweiden auf."* (Der Bergsteiger Nr. 6/2005)

Viele Fragen bleiben offen

Auch wenn das Schlimmste verhindert werden konnte, bleiben viele Fragen offen: Sind die Schafe „instrumentalisiert" worden? Wie ehrlich und wie dauerhaft erfolgreich ist der „Kampf"? Was gilt mehr: die vorgeblich nachhaltig-naturnahe „Nutzung" der Gewässer zur Gewinnung von Energie oder die Aufrechterhaltung uralter kultureller Traditionen in den Bergtälern?

In dieser schwierigen Situation müssen die besonnenen Leute von Nord und Süd, also von Südtirol und dem Ötztal, noch näher zusammenrücken; die Jahrtausende während Kooperation auf dem Weg der Schafe über die Jöcher und Gletscher hinweg ist dabei eine starke Basis. Diese uralte und elementare Kultur der Transhumanz bildet ein starkes und hoffentlich dauerhaftes Band, das sich wie ein roter Faden durch die gemeinsame Geschichte zieht und die Richtung weist zu einer nachhaltigen und eigenständigen Regionalentwicklung. Das Bewusstsein, in eine mindestens 6500 Jahre alte und ehrwürdige Kultur eingebunden zu sein, verbindet und gewährleistet hoffentlich auch in Zukunft diese einzigartige Kontinuität.

Literatur

Abenteuer Archäologie, Heft 4/2006, darin: Ötzi: wohl kein Jäger

Alpenburg, Johann Nepomuk Freiherr von: Tirolische Monatsblätter, Innsbruck, 1858

Amthor, Eduard: Der Alpenfreund, Gera (elf Bände 1870–1881)

Bätzing, Werner: Das Kleine Alpen-Lexikon, München, 1997

Bodini, Gianni: Schafe und Hirten im Vinschgau und Schnalstal, Schnals 2005

Burger, Wolfgang: Der große Schaftrieb. Tiroler Heimatblätter, Heft 10/12, Innsbruck, 1970

Carisson, Anna: Pastori. La pastorizia bergamasca e il vocabulario Gai. Ed. Villadiseriane, Villa di Serio (BG), o. J. (2004)

Der Bergsteiger, Heft 6, München, 2005

Derungs, Kurt: Magische Stätten der Heilkraft, Grenchen (CH), 2006

Echo. Heimat. Innsbruck, Februar 2002, Heft 1: Das Ötztal. „Der Herr der Schafe" (Text und Fotos: Karl Heinz Zanon)

Erzherzog Johann: Reise durch das Ötztal 1846, mitgeteilt von Hans v. Zwidineck-Südenhorst „Aus den Tagebüchern des Erzherzogs" in: Zeitschrift des Deutschen und Oesterreichischen Alpenvereins, Band 34, 1903

Falkner, Christian: Sagen aus dem Ötztal. In: Ötztaler Buch, Schlern-Schriften Band 229, Innsbruck, 1963

Fischer, Klaus: Die Schafweidewirtschaft der Schnalser Höfe. In: Der Schlern, Heft 5, 44. Jahrgang, Bozen, Mai 1970

Fliri, Franz: Naturchronik von Tirol. Univ.Verlag Innsbruck, 1998

Gams, Helmut: Die Pflanzendecke der Venter Täler. In: Das Venter Tal, München, 1939

Gehm, Dagmar: Hoi, Hoi, Hoi ruft der Hirte, und die Herde gehorcht. FAZ vom 7. 9. 2007

GEOkompakt Nr. 9, Schwerpunktthema „Wetter und Klima", Hamburg, 2006

Gimbutta, Marija: Die Sprache der Göttin, Frankfurt, 1995

Grass, Nikolaus: Beiträge zur Rechtsgeschichte der Alpwirtschaft. Schlern-Schriften Band 56, Innsbruck, 1948

Gstrein, F. J.: Überlieferte Begebenheiten aus dem Ötztal, Innsbruck, 1929

Haid, Hans: Similaun. Roman, Innsbruck, 2008

Ders.: (Hrsg.): Lesebuch Ötztaler Alpen, Innsbruck, 2002 (Band 12 der Schriftenreihe Ötztal-Archiv)

Ders.: Sagen und Geschichten aus den Ötztaler Alpen (Hg.), Band 1 der Schriftenreihe Ötztal-Archiv, Innsbruck, 1997

Ders.: Aufbruch in die Einsamkeit. 5000 Jahre überleben in den Alpen, Sauerbrunn, 1992

Ders.: La transhumance des glaces. L'ALPE 3, Grenoble, 1999

Ders.: Mythos und Kult in den Alpen, Sauerbrunn und Rosenheim, 1990

Ders.: Natur & Kultur Ötztaler und Stubaier Alpen, Mappe Themenwege, Band 16 der Schriftenreihe Ötztal-Archiv, Sölden, 2003

Ders.: Erlebnis-Wandern! Ötztal. Sagen und Mythen entdecken, Innsbruck, 2006 (Band 20 der Schriftenreihe Ötztal-Archiv)

Ders.: Ötztalerisch-Schnalserische Fernergeschichten. In: Arunda Nr. 36, Schlanders, 1994

Ders.: Sölden im Ötztal. Natur + Kultur, Innsbruck, 2000

Ders.: Vende vallis snals. In: Der Schlern, Sonderheft Schnalstal, Bozen, Juli/August 1991

Holzmüller, G.: Berg-, Thal- und Gletscherfahrten im Gebiet der Oetzthaler Ferner, Berlin, 1871

Holzner, Waltraud: Von Schafen, Hirten und warmer Wolle, Bozen, 2002

Huter, Franz: Schnals und Innerötztal. Etwas Geschichte um ein Stück Alpenhauptwasserscheide. In: Jahrbuch des Österreichischen Alpenvereins, Innsbruck, 1951

Hye, Franz-Heinz: Die ältesten Weiderechtsverträge zwischen Schnals, Vent und Rofen. In: Tiroler Heimat, Nummer 31/32, Innsbruck, 2000 (Band 4 der Schriftenreihe Ötztal-Archiv)

Jacobeit, Wolfgang: Schafhaltung und Schäfer in Zentraleuropa bis zum Beginn des 20. Jahrhunderts, Berlin, 1987

Janetschek, Heinz: Landschaftspflege im Gurgler Raum. In: MAB-Projekt Obergurgl (herausgegeben von Gernot Patzelt), Innsbruck, 1987

Klier, Walter: Alpenvereinsführer Ötztaler Alpen, München, verschiedene Ausgaben in mehreren Auflagen

Kuen, Johann und Benedikt: handschriftliche Chroniken ca. 1680–1715 über Wasserschäden im Ötztal (komplett wiedergegeben von Hans Haid in: Tiroler Heimatblätter, Heft 10/12, Sonderheft Ötztal, Innsbruck, 1970

L'alpe, Heft 3 „Transhumances", Grenoble, 1999

Ladurner, Joseph: Der verbotene Steig. Topographisch-historische Beschreibung des Thales Schnals. Handschrift im Stift Stams/Tirol

Lechner, Eva: Das Buch von den Schafen in Tirol. Kultur – Wirtschaft – Tradition, Innsbruck-Bozen, 2002

Mahlknecht, Markus: olm nou olm, in: Geschichte

und Geschichten der Vintschger Almen. Begleitheft zur Sonderausstellung im Vintschger Museum, Schluderns, 2006
MERCI, Lucillo: Volkssagen aus Südtirol, Calliano, 1981
MOSER, Ludwig: Das Schnalsertal, Meran, 1907
Natur & Kosmos, Juli 2003, „Steiniger Weg ins Paradies" (Text und Fotos: Burkhard Junghanns)
PATZELT, Gernot: Die Ötztal-Studie – Entwicklung der Landnutzung, MAB-Projekt Obergurgl, Innsbruck, 1987
PETERSEN, Theodor: Oetzthaler Alpen, München, 1876
PICHLER, Adolf: Kreuz und Quer, Innsbruck, 1906
Ders.: Wanderbilder, Innsbruck, 1906
Ders.: Im Oetzthale. In: Der Alpenfreund, Gera, 1878
PLATZGUMMER, Hans Luis: Das Schnalstal. Eine Landschaft: Berge – Steine – Schafe. Katalog, Kulturverein Schnals, 2000
Pro Vita Alpina: Auf den Spuren des Mannes aus dem Eis. Archäologische Wanderwege, besonders Nr. A-2, A-3, A 4, A-8, A-16, A 17, Sölden, 2003
RACHEWILTZ, Siegfried de u. a.: Transumanza. Weideplätze wechseln, Innsbruck, 1994
RICHTER, Annemarie: Almgeographische Studien im Ötztal. Ungedruckte Dissertation, Innsbruck, 1941
ROUSSET, Paul-Louis: Les Alpes. Leurs noms de Lieux. 6000 Ans d'Historie, Grenoble und Meylan, 1988
RUTHNER, Anton von: Aus Tirol. Berg- und Gletscherreisen in den österreichischen Alpen, Wien, 1869
SAMBRAUS, Hans Hinrich: Atlas der Nutztierrassen, Stuttgart, 1986
Ders.: Gefährdete Nutztierrassen, Stuttgart, 1994
SCHARR, Kurt: Leben an der Grenze der Dauersiedlung. (Schlern-Schriften 314), Innsbruck, 2001
SCHWARZELMÜLLER, Wolfgang: Schafalpung in Österreich, Universität für Bodenkultur, Wien, 1984
SENN, Franz: Aus dem Oetzthale. In: Jahrbuch des Oesterreichischen Alpenvereins, Band 2, Wien, 1866
Ders.: Aus der Oetzthaler Gebirgsgruppe. In: Zeitschrift des Deutschen Alpenvereins, München, 1870
Ders.: Die Kreuzspitze bei Vent. In: Zeitschrift des Deutschen und Oesterreichischen Alpenvereins, München, 1871
SONKLAR, Karl: Die Oetzthaler Gebirgsgruppe, Gotha, 1861
Sonntags-Magazin, Bozen, Nr. 29/2006: „Allein mit 1200 Schafen. Alfons Gufler verbringt die Sommermonate fernab der Zivilisation"
SRBIK, Robert: Die Gletscher des Venter Tales. In: Das Venter Tal, München, 1939
STEUB, Ludwig: Drei Sommer in Tirol. München, 1895
STIPPLER, Franz: ischt der sindfluß g'wößen. Handschriftliche Chronik von 1762 im Tiroler Landesarchiv (transkribiert und zur Gänze nachgedruckt in „Ischt der Sindfluß g'wößen", herausgegeben im Eigenverlag von Werner Kopp, Hall, 2001)
Tirolerin-Reportage, Innsbruck, 1998, Heft 2: Der große Zug der Schafe
TRIENTL, Adolf: Die Alpwirtschaft. Nachdruck, Innsbruck, 1992
WALCHER, Joseph: Nachrichten von den Eisbergen in Tyrol. Frankfurt und Wien, 1773
WERNER, Karl-Heinz: Die Almwirtschaft des Schnalstales unter Einbeziehung der Herdenwanderungen ins innerste Ötztal, Veröffentlichungen der Universität Innsbruck, Band 20. Studien zur Rechts-, Wirtschafts- und Kulturgeschichte, Innsbruck, 1969
WINKLER, Robert: Volkssagen aus dem Vinschgau, Bozen, 1968
ZIPPERLE, Andreas / DE RACHEWILTZ, Siegfried / TOGNI, Roberto: Transumanza – Weideplätze wechseln, Innsbruck, 1994

TON- UND FILMDOKUMENTE

- Film NDR 16. 2. 2006 „Leben im Südtiroler Schnalstal" (ein Porträt des Schäfers Fortunat Gurschler)
- Film ORF-Tirol vom 8. 5. 2004 „Ötzi: Auf den Spuren der Schafe"
- Film Bayerischer Rundfunk September 1993 „Die Alpen". Folge 5 „Wege durch Tirol"
- Film RAI-Italien 1996 „la via della lana / transumanza in val senales"
- Film SWF (Südwestfunk), September 1996 „Das Leiden der Lämmer"
- Privater Amateurfilm von Hans Falkner: 1. Schafübertrieb über den Gurgler Ferner, 1948 (!); 2. „Schafe in Not", 1954, beide Filme über Pro Vita Alpina mit Kommentar-Text durch Hans Haid
- Film Bayerisches Fernsehen 1964 „Das Tal der schwarzen Schafe"
- Filmbeitrag ORF-Tirol 6. 10. 1988 „Schafkrieg Tirol"
- Film für die Binding-Stiftung in Liechtenstein durch Carsten Krüger Film- und Fernsehproduktion, Berlin, mit Porträts der Preisträger bis 2005 (dabei auch Porträt Dr. Hans Haid mit Aufnahmen beim Schaftrieb über das Hochjoch Juni 2004)
- Film ORF 10. 1. 08 (Wiederholung 11. 1. 08) „Mythen der Alpen" in „UNIVERSUM" (einige Passagen über Schaftriebe). Weitere Sendungen über ARTE, z. B. am 5. 5. 2008

Kopien aller Filme sind im ÖTZTAL-ARCHIV verwahrt: Dr. Hans Haid, Riedernstraße, FVJ 1, 6430 Ötztal oder Venter Straße 2 „Roale", 6450 Sölden
E-Mail: haid.roale@netway.at
www.similaun.at, www.cultura.at/haid

Karten und Führerwerke

Soweit es den österreichischen Teil betrifft, ist es am besten, sich zusätzlich zu den bekannten Kartenwerken wie die vom Alpenverein oder Kompass-Verlag vor allem die amtlichen Karten des Bundesamtes für Eich- und Vermessungswesen anzuschauen, von denen es Ausgaben 1 : 50.000 und 1 : 25.000 gibt; für unser Gebiet Blatt 174 „Timmelsjoch", Blatt 172 „Weißkugel" und Blatt 173 „Sölden". Für den Südtiroler Teil sind neben Kompass vor allem die Karten von Tabacco sehr hilfreich, vor allem die Blätter 04 „Val Senales/Schnalstal" und 011 „Merano/Meran", beide im Maßstab 1 : 25.000. Eine gute – vergleichende – Übersicht geben die Karten S2 „Vinschgau. Ötztaler Alpen/Val Venosta. Alpi Venoste" sowie 251 „Ötztal", alle im Maßstab 1 : 50.000 von freytag & berndt.

Als umfassender Führer zu Hütten, Übergängen und Gipfeln ist der „*Alpenvereinsführer Ötztaler Alpen*" von Walter Klier zu nennen. Speziell für den Bereich Texelgruppe und Schnalstal gibt es eine Reihe fundiert und zuverlässig erstellter Wanderführer. Die einzige Dokumentation mit Karten und Kurzbeschreibungen der Schafwege findet sich in der Mappe „Auf den Spuren des Mannes aus dem Eis – Archäologische Wanderwege", herausgegeben vom Kulturverein Schnalstal und in der Ötztaler Erweiterung vom Verein Pro Vita Alpina. Leider sind die Mappen vergriffen. Eine Neuauflage in veränderter Form ist vorgesehen.

Die Herausgabe dieses Buches wurde ermöglicht durch die großzügige Unterstützung der Südtiroler Landesregierung/Abteilung für deutsche Kultur und Familie in Zusammenarbeit mit dem Südtiroler Kulturinstitut, der Abteilung Kultur im Amt der Tiroler Landesregierung sowie der Stiftung Südtiroler Sparkasse.
Ihnen allen gilt der Dank des Autors und der Verlage.

Schriftenreihe Ötztal-Archiv Band 22

Bibliografische Information Der Deutschen Nationalbibliothek
Die Deutsche Nationalbibliothek verzeichnet diese Publikation in der Deutschen Nationalbibliografie; detaillierte bibliografische Daten sind im Internet unter http://dnb.d-nb.de abrufbar.

2008
© Verlagsanstalt Tyrolia, Innsbruck
Umschlaggestaltung: Verlagsanstalt Tyrolia Innsbruck, unter Verwendung eines Bildes von Mauro Gambicorti (Cover); Abb. Umschlagrückseite: links und rechts © Thomas Defner, Mitte © Mauro Gambicorti
Layout und digitale Gestaltung: Studio HM, Hall in Tirol
Lithographie: DigiService, Innsbruck
Druck und Bindung: Printer Trento S.r.l./Trento

ISBN 978-3-7022-2901-6 (Tyrolia)
E-Mail: buchverlag@tyrolia.at
Internet: www.tyrolia.at

ISBN 978-88-8266-504-3 (Athesia)
E-Mail: buchverlag@athesia.it
Internet: www.athesiaverlag.it

Mit freundlicher Unterstützung der Stiftung Südtiroler Sparkasse

STIFTUNG SÜDTIROLER SPARKASSE

WIR STIFTEN KULTUR

Ischt oder Sindfluß g'wößen

Hrsg. von Werner Kopp
Straubstraße 9
A - 6060 HALL